DICTIONNAIRE

DU

PATOIS FORÉZIEN

DICTIONNAIRE

DU

PATOIS FORÉZIEN

PAR

L.-Pierre GRAS

Membre de plusieurs Sociétés savantes
Archiviste de la Société historique & archéologique
de la DIANA

LYON

A LA LIBRAIRIE ANCIENNE D'AUGUSTE BRUN
Rue du Plat, 13

—

1865

PRÉFACE

—◇o◇—

JASMIN.

Le retour aux études historiques, sur les anciennes provinces de la France, a acquis, depuis une trentaine d'années, une grande popularité, popularité justifiée par l'importance des résultats qu'elles ont déjà produits. Le Forez a été une des contrées le plus heureusement servies dans ce mouvement de restauration.

M. Aug. Bernard a paru le premier dans la carrière que venait d'ouvrir aux érudits la découverte des manuscrits d'un vieil annaliste forézien, et où d'autres l'ont suivi avec plus ou moins de succès.

Les antiquités, les annales historiques, l'archéologie du Moyen-Age, la noblesse, les titres anciens, conservés dans les archives, ont été étudiés avec un zèle fort louable, et si tout n'a pas été fait, tout a été du moins entrepris.

Il est cependant une remarque qui nous a frappé, c'est qu'à côté de ces études historiques et héraldiques, il ne s'est produit aucun ouvrage pour faire connaître notre pays dans ses coutumes et ses traditions, son langage et sa poésie, en un mot dans sa vie intellectuelle et morale. Pour connaître les véritables mœurs d'un peuple, dit quelque part Jean-Jacques Rousseau, il faut étudier ce peuple dans sa vie privée, dans ses usages et ses habitudes de chaque jour, car s'arrêter aux gens qui représentent toujours, et c'est le cas des personnages historiques, c'est ne voir que des comédiens.

Les chroniques et les légendes foréziennes sont encore enfouies dans la mémoire de nos vieillards. Interroger et fouiller ces archives vivantes de la tradition, recueillir ces légendes et ces chroniques serait une tâche toute patriotique, qui demanderait plus de persévérance que de savoir, et offrirait plus d'agrément que de travail. Cette tâche, nous l'entreprendrons avec plaisir si notre bonne volonté et des recherches consciencieuses peuvent suppléer entièrement au talent qui nous manque.

Aujourd'hui nous parlerons du langage des Foréziens, demain de leurs vieilles habitudes que n'a pu niveler la herse de la civilisation.

Le Forez offre d'intéressants sujets d'études et d'observations sous le rapport de ses mœurs primitives et de son histoire.

Si nos paysans ne possèdent ni les grandes vertus, ni les grands vices qui rendent un peuple remarquable, ils ont en échange une foule de qualités d'une importance secondaire, au dire des philosophes, mais qui ne sont point à dédaigner.

Sobre et économe, doux et hospitalier, sans rancune (nous ne disons pas sans jalousie), sans jactance et sans ambition, le Forézien est le type de l'honnête homme et du véritable ami. Il ne professe qu'un froid dédain pour l'activité turbulente et l'astucieuse adresse de son voisin l'Auvergnat, mais il a les défauts de ses qualités : aussi la timidité et l'apathie de son caractère lui ont attiré plus d'une fois le reproche de béotisme, et, dès le Moyen-Age, les *Mange-bâcon*, *Tard-venus* et autres *Malandrins* de même sorte se disaient : « *Allons piller les Oisons du Forez !* »

Mais si nos *Oisons* de Foréziens se sont laissés quelquefois plumer, ils ont cependant montré, dans maintes circonstances, qu'il pouvait être dangereux de toucher à leurs croyances et à leurs sillons.

VIII

Un jour, déjà loin de nous, nos paysans se sont réveillés de leur torpeur proverbiale. Ils ont saisi leur *Crucifix-à-ressorts* accroché au manteau de leur vaste cheminée, et bouclant sur le genou leurs grandes gamaches de toile bise, ils se sont battus en braves, à la suite du *Roi de Chevrières*, un paysan héroïque qui eut la sublime audace de prendre ce titre, alors qu'il n'y avait plus de roi en France.....

S'il est vrai, comme l'a dit Leibnitz, que les mots sont les lettres de change de l'entendement, l'histoire étymologique des langues est la meilleure histoire des progrès de l'esprit humain. Nous avons été maintes fois à même de constater la vérité de cette observation. Et l'abbé Grégoire, dans son rapport *sur la nécessité et les moyens d'anéantir les patois et d'universaliser l'usage de la langue française*, avoue que la connaissance et l'étude des idiomes féodaux est utile pour jeter du jour sur les monuments du Moyen-Age. Il aurait pu étendre cette utilité à d'autres sciences, comme nous l'expliquerons ailleurs. L'ex-député de la Constituante s'indigne contre la féodalité « qui conserva la disparité des dialectes pour ressaisir les serfs fugitifs ! » (Si non è vero, è ben trovato !) « Il n'y a plus de provinces, s'écrie-t-il, et il y a encore trente patois qui en rappellent les noms ! » (Et nous sommes certains que l'on a omis dans le nombre le patois forézien.)

« La langue politique n'existe pas en patois ! » (Nous
avouons ne pas le regretter beaucoup, si l'on entend
par langue politique l'argot des clubs.) « La pauvreté des patois resserre l'esprit, nuit à la propa-
gation des lumières et conserve les superstitions. »

Nous vous accordons cela, Monsieur Grégoire,
mais le patois conserve, outre les superstitions, et
Dieu sait où vous limitez le sens de ce mot, conserve, disons-nous, le souvenir des vieux usages
nationaux, au lieu d'importer une anglomanie ridicule ; la vieille gaieté française, bien préférable à
notre décorum maussade ; les affections du foyer et
de la famille, au lieu d'un socialisme impossible ; la
confiance et la bonne foi, au lieu de la défiance et
de la duplicité, et enfin l'antique religion du Christ,
au lieu du doute qui nous assiége et du panthéisme
qui nous envahit !

Que les pédants sourient et continuent de railler
les patois. Savez-vous comment on nomme chez nous
ces gens qui dédaignent le langage et la condition
de leurs pères, et ne sachant ni patois ni français,
parlent *meta-Dio meta-Diablou?* On les nomme des
recoupés. Et quand ils viennent, sous la noire cheminée où leur mère suspendait leur berceau, raconter à des auditeurs ébahis les merveilleuses aven-
tures de leurs voyages ou leurs hâbleries philoso-
phiques, les bons vieux paysans secouent la tête

d'un air de doute et murmurent avec une malicieuse bonhomie : *Eil ant vœu petà lou lûp sus la peira de boes !*

Au reste, le patois a trouvé souvent des défenseurs plus éloquents que nous.

« C'est une étrange destinée que celle du patois, » a dit Charles Nodier, « cette belle langue rustique, mère indignement rebutée de nos langues urbaines et civilisées, que ses filles ingrates désavouent et qu'elles vont persécuter jusque sous le chaume, tant elles craignent, dans l'éclat de leur prospérité usurpée, qu'il ne reste quelque part des traces de leur roture. »

Il y a, comme on le voit, une distance fort grande entre les idées rétrogrades de Charles Nodier, le philologue, et les pamphlets de l'abbé Grégoire.

Certes nous avons foi au progrès et à l'avenir autant qu'un autre. Nous croyons au progrès rationnel et raisonné qui s'accomplit lentement, mais non à ce progrès hâtif et prématuré dont veulent nous gratifier, malgré nous, quelques esprits brouillons, assez semblables à la mouche du coche. Nous pensons que Dieu a marqué du doigt l'espace que parcourt l'humanité à chacune de ses étapes : vous aurez beau pousser à la roue, nous doutons qu'elle aille plus vite. « Qui s'imagine encore aujourd'hui que notre époque a été régénérée simplement parce qu'il y a un demi-siècle on a incendié quelques vieux pigeonniers à créneaux? » a dit Victor Hugo, dans son *Voyage aux bords du Rhin*.

Nous avons la religion du passé; nous ne sommes pas de ces fils sacriléges de Cham qui soulevèrent la tunique de l'ancien monde pour rire de sa nudité! Et de même que l'on réserve dans sa demeure une place aux images des aïeux, de même l'on doit garder, dans un coin de son cœur, le souvenir de leurs actions, de leurs vertus, de leurs croyances.

L.-Pɪᴇʀʀᴇ GRAS.

Les patois sont les derniers débris des innombrables dialectes qui constituaient la langue parlée dans l'ancienne France. C'est par ces restes, tout informes et défigurés qu'ils soient, que l'on peut acquérir encore une certaine connaissance des intonations et de l'accent qui caractérisaient ce vieux et pittoresque langage. Aussi, tandis que les amateurs des littératures locales rassemblent, avec un zèle inquiet et passionné, les récits, les légendes, les poésies et les chants les plus obscurs des muses populaires, les érudits ne recueillent pas avec moins d'ardeur tout ce qui peut servir à l'étude philologique des idiomes provinciaux. Il en est temps, du reste, car bientôt ils auront disparu, et rien alors ne pourra plus donner aucune idée des inflexions si variées, de l'étrange harmonie de ces dialectes dont le français, dans sa correction monotone, n'a conservé, en au-

*

cune manière, le caractère profondément original.

L'intérêt qui s'attache à cette double étude philologique et littéraire, les ressources qu'elle peut fournir à l'histoire générale de la langue française, déterminent nettement le plan à adopter dans de semblables recherches, et signalent en même temps les écueils qui s'y rencontrent et que l'on y doit éviter.

Dans l'état des connaissances actuelles, des glossaires spéciaux pour les patois de nos diverses provinces sont devenus d'une indispensable nécessité et sont destinés à compléter et à contrôler les lexiques d'une portée plus générale. Pour que des publications de cette nature aient quelque valeur, il importe donc qu'elles se restreignent à des localités particulières et de peu d'étendue, afin que les détails y présentent un certain caractère d'ensemble et d'unité. Il faut aussi qu'elles soient rédigées par des écrivains familiarisés avec l'usage de ces idiomes, car rien, dans ce cas, ne peut suppléer aux renseignements fournis par la pratique. On doit éviter également de grossir ces dictionnaires particuliers de termes étrangers ou de mots rançais altérés par des terminaisons patoises. Un danger plus grave encore est l'abus des interprétations étymologiques dans lesquelles il est si facile de se laisser entraîner. Tout auteur est enclin à accorder une importance exagérée à l'objet de ses recherches; il se passionne pour son œuvre; il voit tout en elle. Aux yeux de certains archéologues, la moindre sculpture grossière d'un vieil et vulgaire artiste de village se rattache aux gigantesques et mystérieux symboles de l'antique Egypte; de même aussi, pour quelques philologues, les mots les plus informes d'un patois défiguré touchent directement au gaëlique, au sanscrit, à toute la série des langues indo-germaniques; ils jalousent, pour les patois de leurs provinces, la célébrité des dialectes des Cantabres et des Escualdunacs, et la gloire des Klaproth et des Adelung les empêche de dormir. C'est en cédant à de telles préoccupations que des études qui, dans leur étroite sphère, auraient pu fournir quelques données précieuses à la science, sont détournées de leur but et sont condamnées à n'aboutir qu'à un ridicule résultat.

On n'a pas assez remarqué, peut-être, que nos patois ne sont plus, en somme et depuis longtemps, que des idiomes tronqués et profondément défigurés, non-seulement par les causes qui tendent à modifier toutes les langues, mais aussi par suite des envahissements de la langue française dont l'action sur les dialectes provinciaux est, pour ainsi dire, immémoriale. Cette dernière langue, en effet, n'est pas une création moderne; son individualité est aussi ancienne que celle d'aucun des autres dialectes parlés dans l'ancien royaume de France; sa suprématie ne s'est pas établie, comme on l'a donné quelquefois à entendre, par le despotisme littéraire de la capitale, mais par l'initiative spontanée des provinces françaises qui, par là, faisaient un sacrifice volontaire à l'unité nationale.

Aux plus belles époques de la gloire des troubadours et des trouvères, les poètes s'excusaient souvent de leur style provincial. Dans notre Forez, en plein treizième siècle, alors que nobles et vilains parlaient un même idiome très-caractéristique, on se servait aussi, quoique rarement et plus ou moins correctement, de la langue usitée de l'autre côté de la Loire. Il s'est conservé une lettre écrite par un ecclésiastique forézien, en 1250, et dont la suscription est telle : « A la reli-« giose et honeste dame suer prioresse de

« St-Thomas, qui est entre St-Romain et
« Lesigneu, Guy de Preisseo le prebstre,
« salus en Deu et à tot le convent. Dame,
« saché, etc. »

Plus tard, néanmoins, le dialecte local
était encore d'un usage général, et on le
parlait à la cour du comte de Forez, Jean Ier.
On possède encore divers comptes de dépen-
ses, rédigés par des officiers de son hôtel,
dans les termes que voici, et qui ne laissent
aucun doute à cet égard :

« L'an de notre Senyor 1322, lo mercres
« après la Tossayns, jo Paches de la Varena,
« comensey à faire lo dépens de mes senyors
« Raynau et Johan de Foreys qui demoriant
« à Paris, liqual sunt écrit en icet papier...
« Prumairement la dimène d'avant la saint
« Luc evangelica, partiront li dit min senyor
« de Monbrison è furont lo seir à Clépeu
« avoy madame de Mercueil. E prumeyra-
« ment à un garson qu'alet de Monbrison à
« Cyvreu per aporter una cela, 5 deniers
« tournois, etc. »

Mais si l'on se servait exclusivement de
l'idiome local dans les rapports ordinaires,
il n'en était pas de même dans les correspon-
dances et les relations d'apparat. Les hom-

mes d'un rang élevé s'efforçaient alors d'employer la langue parlée à la cour de France. Par exemple, vers le même temps, le secrétaire du comte écrivait, sous sa dictée, de l'Ile-Jourdain en Languedoc : « Sire de la « Roe, frere Artaud de St-Romain, comman- « deur de Chazelles, s'est dolu... Nous, qui « ledit frere Artaud avons cher et tenons « por bon amy... nous voulons et vous man- « dons que, par honor et paour amort deldit « frere Artaud et de grace especial... si le- « dit frere Artaud a à faire avez nostres gents, « li fassiez faire bié droict... ne ne soffrez « que l'en li mette point d'empeschement en « son droict, car nos scavons bien qu'il ne « veut point dou nostre. A Dieu que vous « gart. Doné à Lisle en Albigeois, sabmedi « après Quasimodo, l'an de grace 1327. »

Moins de trente ans après, le français avait encore gagné du terrain ; les registres administratifs se rédigeaient dans cette langue, et en 1365, Renaud de Forez, régent du comté pour son neveu, écrivait à deux de ses officiers : « Thomas et Humbert, nous vous « mandons que vos registrés Pierre Galva- « gnhon, de la Prevostié de Lavieuz. Autreyé « per nos el jour d'uy, à Cleppay ; ad ce es-

« cript à Cleppay le 27ᵉ jour de decembre. »

Enfin, lorsque les ducs de Bourbon héritèrent du Forez, ils y implantèrent plus fortement la langue française déjà familière aux gens instruits ou d'une condition élevée. Le français était exclusivement usité dans l'hôtel ducal; les principaux officiers, originaires, pour la plupart, du Bourbonnais ou du Beauvaisis, ne connaissaient guère d'autre idiome. Les seigneurs foréziens qui leur furent adjoints ne manquèrent pas d'imiter leur manière de s'exprimer, et, dès ce moment, par toute la comté de Forez, le français fut adopté par tout ce qui se piquait de bon ton et de bonne éducation. A Paris, un gentilhomme forézien ne se reconnaissait guère plus qu'à un léger accent et à certains termes du crû qui pouvaient lui échapper, tout comme maintenant un Provençal ou un Languedocien trahit son origine par des inflexions de voix caractéristiques.

Cependant le dialecte local se conservait encore dans les habitudes ordinaires, et beaucoup de personnes de bonnes familles, mais vivant retirées dans leurs terres, eussent été assez empêchées de parler correctement une autre langue. Il y avait, assurément, des

Foréziennes parmi ces dames lyonnaises qui, au rapport du *Bon Serviteur*, applaudissaient « en leur patois » aux beaux coups de lance du jeune Bayart. Les guerres civiles de la fin du seizième siècle, la grande révolution sociale qui suivit, l'éclat littéraire du règne de Louis XIV, continuèrent ce que le mouvement régulier des siècles précédents avait lentement commencé. Une dernière et violente secousse acheva enfin l'œuvre qu'avaient également favorisée les efforts tentés sous Louis XV et Louis XVI, pour perfectionner l'agriculture, accroître l'industrie et multiplier les voies de communication. De notre temps, beaucoup de Foréziens ne sauraient s'exprimer dans la langue de leur province, et, dès-à-présent, on peut annoncer comme inévitable, sinon comme prochaine, la disparition d'un idiome dont la ruine se préparait depuis si longtemps.

Cet exposé rapide, ces exemples qui auraient pu être multipliés davantage, prouvent suffisamment combien le patois forézien a dû être profondément altéré par les envahissements du français, et combien actuellement il doit être loin de sa forme pure et originale.

Mais non-seulement le patois forézien,

comme tous les autres dialectes provinciaux, est déchu de son caractère primitif, mais il manque aussi d'unité.

Mille causes réagissent sur la forme d'une langue : la position géographique, le climat, la pauvreté ou la richesse du sol, les professions, les mœurs et les besoins des habitants, les événements historiques, les révolutions, les découvertes; toutes ces causes se sont manifestées et ont agi dans le Forez plus vivement que nulle part ailleurs.

Situé sur l'extrême limite des pays de langue d'oil et de langue d'oc, dans le voisinage de Lyon, cet immense entrepôt, ce rendez-vous commercial des négociants de toutes les provinces de la France et de toutes les contrées de l'Europe, le Forez a dû à cette position des changements nombreux et incessants dans son dialecte propre. En outre, cette province a eu tour-à-tour pour maîtres des princes français ou allemands, les rois de Bourgogne et les rois de France, les comtes de Lyon et les ducs de Bourbon; elle a été, pendant les grandes luttes du xive et du xve siècle, sillonnée par les bandes italiennes, espagnoles et anglaises, et, plus tard, par les rudes boute-feu des guerres religieuses, recrutés sur tous les points de la France. Pendant la paix, les belles-lettres y ont toujours trouvé des disciples fervents, des Mécènes généreux, et ces goûts littéraires n'ont pas été sans porter atteinte à la langue populaire. Enfin, à l'époque moderne, l'établissement de grands centres industriels y a fait surgir une population toute nouvelle et non moins distincte du reste de la population par son langage que par ses mœurs et ses habitudes.

Entre toutes ces causes de modification et d'altération de l'idiome local, la plus active néanmoins a été la configuration topographique du pays lui-même. Le département de la Loire est formé par une large vallée ouverte entre deux chaînes de montagnes détachées du vaste massif qui forme l'extrême et dernière pointe des Cévennes. La Loire, descendant des sommets abruptes du Rouergue, se glisse à travers cette masse de rochers pour s'épancher dans la plaine ; là elle coule sur un vaste et fertile plateau qui s'abrite, au levant, au pied des montages du Lyonnais, et, au couchant, s'incline vers un vallon, lequel, semblable au fond desséché d'un lac immense, est borné par les pics élevés de

Pierre-sur-Haute et du Montancel, et par un autre vallon plus verdoyant et plus frais, où serpentent les eaux fameuses du Lignon ; au-delà le sol affecte une disposition plus uniforme ; les deux chaînes de montagnes s'écartent et s'abaissent, la Loire hésite, se détourne lentement, et la plaine du Forez vient se confondre avec les campagnes du Charollais et du Nivernais.

Ces délimitations topographiques correspondent assez bien avec les divisions politiques qui partageaient anciennement ce territoire, et déterminent en même temps certaines nuances de langage qui pourtant ne sont pas aussi absolues qu'on pourrait se l'imaginer.

La partie moyenne et méridionale du département formait l'ancien comté de Forez proprement dit, y compris le pays de Jarez qui occupait les montagnes au sud du Lyonnais, et où s'échelonnent les villes industrielles de Rive-de-Gier, St-Chamond et, plus loin, St-Etienne, dont les patois sont si rudes. Bien au-delà de St-Etienne se dresse St-Bonnet-le-Château ; le patois y a beaucoup d'analogie avec celui du Velay, tandis que du côté des montagnes de l'ouest, il se rapproche davantage de celui de l'Auvergne qui en est limitrophe. Mais c'est dans la plaine, près des bords de la Loire où s'étalent St-Galmier, Unias et Feurs, dans les vallons où dorment Montbrison, Boën et St-Germain-Laval, c'est là que l'on doit chercher le vrai patois forézien. Plus loin, dans les cantons formés de l'ancienne baronnie de Roannais, dont les comtes de Forez ne possédaient qu'en partie la souveraineté, l'idiome local perd déjà de son individualité; il s'affadit et se mêle avec les patois du Lyonnais, de la Bourgogne et du Bourbonnais, tout comme le pays lui-même, partagé autrefois entre différents seigneurs, se morcelait et confondait les domaines des ducs de Bourgogne, des comtes de Forez, des sires de Beaujeu, des seigneurs de Roanne et des chanoines-comtes de Lyon.

Le type spécial de ce patois est une forme mixte, indécise, qu'il tient sans doute du caractère même des habitants de la plaine, tout-à-fait différent de celui des montagnards. Le langage de ceux-ci, rude comme leurs mœurs, a conservé quelques traits de son origine et quelque chose de son accentuation primitive.

Anciennement, en effet, le dialecte parlé dans les montagnes du Forez était essentiellement Languedocien ; c'est ce que prouve le texte de la charte de St-Bonnet-le-Château, octroyée en 1224, et dont voici le début : « En Robertz, seignor de Saint-Bonet, donet « à totz les omes et a totas las fennas que « seriant sos omes que maison penriont et « auront à Saint-Bonet, los usatjes e bonas « coldumnas aitals quant sunt escritas en « aquesta present chartra, etc. » Une confirmation de ces franchises, donnée en 1272, est rédigée dans le même dialecte : « E nos « Mollens Peires, seignor de la Roa et de « Mont-Pelus, seignor de la terra de Saint- « Bonet, per nom de la Dalphina nostra « moiller... volguesmes, etc. » A Lyon, la langue d'oc prédominait aussi, mais avec des variations notables. Quelques exemples montreront ces différences.

Une ancienne inscription, trouvée dans cette ville, porte ces mots : « L'an 1352, fit « Micheles Passus, citiens de Lian, édifier « ceta chapella, l'outar et lo crucifis... » Le syndicat de 1355, document plus intéressant encore de la langue vulgaire, est conçu ainsi : « Ly pueblos de la Universita de Lyon « assemblas en l'eglesi de San Nises, al son « de la grossa campana... fant et ordonnons

« conseillours de la dicta cita deys le jorn de
« Chalendes que serants 1355, etc. » Une
courte note du même temps a plus d'analogie avec le patois lyonnais moderne : « La
« velly de Notre-Dama de la Chandelura
« 1362, fut huvria una taly..... de 6000
« flurins, li quala fut fety por lo rey de
« Francy par la composytiont qui fut fety
« pour les entrés de la cita de Lionne cui
« Diou gart... et fut hordenas por la fere
« Guillaume de Varey dit Plotun et Humbert
« del Puey... et s'ension icy après qui con-
« sentiront de la fere et li nunt de selos. »
En rapprochant ces textes des fragments
de la langue usitée, vers la même époque,
à la cour du comte de Forez, qui sont cités
plus haut, on reconnaît que le patois forézien tenait à peu près le milieu entre ceux
qui étaient parlés à Lyon et dans les montagnes; il participait de leurs caractères, mais il
était beaucoup moins accentué dans la forme
des mots et dans l'intonation. C'est ce caractère mixte et adouci qu'il a conservé jusqu'à
ce jour, et il y a encore, comme par le passé,
une différence notable, sous ce rapport, entre
la langue de la plaine et celle de la montagne, bien plus énergique et plus pure. Mais

quoique la première présente beaucoup moins d'originalité, beaucoup moins d'attrait, quoiqu'elle soit à peine parlée dans la moitié du département, même sans compter le langage particulier des bateliers de la Loire, dont les traces se retrouvent tout le long de ce fleuve, malgré tout cela, elle n'en doit pas moins être regardée comme étant le type du vrai patois forézien ; comme telle aussi elle doit rester le but unique et spécial des recherches des philologues foréziens.

Tel est donc ce dialecte, indécis, restreint, profondément altéré et envahi par les idiomes voisins. On peut juger par là des difficultés que présentait son étude. Ce n'est pas ici le lieu et il ne m'appartient pas de dire si l'auteur a triomphé de ces difficultés ; mais si l'on a reconnu quelque justesse dans les règles que j'ai cru pouvoir fixer à cet égard, on devra remarquer aussi qu'il les a judicieusement observées, ou, pour mieux dire, que ma théorie était simplement l'exposé d'un plan très-heureusement exécuté par lui.

A. STEYERT.

Lyon, Novembre 1863.

PREMIÈRE PARTIE

DICTIONNAIRE

ABRÉVIATIONS.

Adj. Adjectif.	It. Italien.
Adv. Adverbe.	Lang. Languedocien.
Ang. Anglais.	Lat. Latin.
Ar. Arabe.	Litt. Littéralement.
Auv. Auvergnat.	Ly. Lyon ou Lyonnais.
B. Breton.	M. A. Ballet forésien, attribué
Bas. lat. Basse latinité.	à Marcellin Allard.
Bo. Boyron.	Mont. Montagne.
Bq. Basque.	Part. Participe.
Br. Bressan.	Per. Personnel.
C. Celtique.	Pl. Pluriel.
Ch. L'abbé Chapelon.	Pr. Préposition.
Ch. A. Antoine Chapelon.	Priv. Privatif.
Ch. J. Jacques Chapelon.	Pro. Pronom.
Conj. Conjugaison.	Prov. Proverbe.
D. C. S. Du Cange, supplément.	R. Roquefort.
Esp. Espagnol.	Rom. Roman.
Et. Etymologie.	Roq. Roquille.
Ex. Exclamation.	S. m. Substantif masculin.
Fam. Familièrement.	S. f. Substantif féminin.
Fig. Figuré.	Sa. Savoie.
G. Gallois.	Sy. Synonyme.
G. é. Gaëlique écossais.	V. a. Verbe actif.
G. i. Gaëlique irlandais.	V. n. Verbe neutre.
Gr. Grec.	V. p. Verbe pronominal.
H. Hébreu.	Vx ou Vx fr. Vieux français.

A

Abada s. m. Vagabond, vaurien. « *Car j'ai fat pis qu'in abada.* » CH. J.

Abadâ v. n. Errer, vagabonder. (Heb. *abad*, errer?)

Abadâ (s') v. p. Prendre la clef des champs, se divertir, vivre en liberté.

Abadâ v. a. Lâcher les troupeaux, les conduire aux champs, les mettre à l'*abada*.

Abada (à l') loc. adv. A l'abandon, sans règle. (Voir *Badà*, ouvrir, lâcher.)

Abaè s. f. Prise d'eau d'un moulin. (*Baie*, ouverture).

Abandâ v. n. Envoyer les troupeaux sur la montagne, au printemps, à Pierre-sur-Haute. (Même mot qu'*Abadà* v. a.)

Abaragnî v. a. Faire passer les bestiaux d'un pré déjà pâturé dans un autre, leur faire sauter la *baragne*, le fossé qui sépare deux champs.

Abatent s. m. Ancien volet à coulisse, que l'on élève ou que l'on *abaisse* à volonté.

Abaumâ ou **Abômâ** v. a. Charger d'un impôt, assujettir à certains droits. On nommait *cens abômé*, au moyen-âge, un cens solidaire avec des fonds étrangers.

Abequâ v. a. User, appauvrir un terrain, une vigne, par défaut d'engrais ou de culture. Au figuré, amaigrir, exténuer, en parlant de la faim, de la maladie. *La fièvre l'a abequot*, la fièvre l'a usé, l'a miné.

Aberâ. Abualà v. a. Abreuver. vx fr. *Abeurer.* Voir D. C. et R. (glossaires).

Aberâ v. n. Ressentir une douleur. « *Me souai piquot le daé, vou m'abère jusqu'à l'épale,* » je me suis piqué le doigt, ça me fait mal jusqu'à l'épaule.

Abero s. m. Abreuvoir. *Abero d'usai,* auget d'une cage.

Abero s. m. Blessure, piqûre.

Abialà v. a. Faire des rigoles, des *biaheures* pour l'irrigation d'une prairie.

Abiatâ v. n. Mal réussir.

Abiatâ v. a. Amadouer. « *Ey creiant bion de l'abiata. — Avouai lio vin de countrabanda.* » Bo. (lang. *abiada, amiada*).

Abiœure, Abiorageou. Avióre. etc. s. m. Breuvage. (Bas. lat. *aberagium.*)

Abouchâ (s') **Abochî** (s') v. n. Tomber sur la face, sur la bouche, s'aboucher, vx fr.

Abouchon (à l') loc. adv. Tomber à l'*abouchon,* tomber sur le nez.

Aboundà v. n. Suffire à. On dit vulgairement à Lyon, *abonder* à faire quelque chose.

Abouriaô-rive adj. Précoce, en parlant des fruits, des légumes. Se dit aussi d'un enfant *né avant le sacrement.* (Lat. *aborior,* commencer.)

Abourmâ (s') v. p. Se rapetisser, se pelotonner, quand on a la fièvre, etc. « *Te t'abourmes couma una matrua chiòra de trenta saos,* » tu te pelotonnes comme une mauvaise chèvre de trente sous. (Voir *se débourmâ.*)

Abousâ v. a. Détruire, abattre, renverser.

Abousâ v. n. Tomber sur la face, être courbé. « *J'abousiô sus le coup et me cruró pano,* » je tombai sur le coup et me crus perdu. Roq.

Abrandâ v. a. Attiser, propager. « *La ploye est abranda,* » la pluie tombe à verse. « *Le fœu est abrandot,* » le feu s'attise, l'incendie se propage. « *La miséra s'abrande à San-Tsiéve,* » la misère est générale à St-Etienne.

Abulâ v. n. Mesurer une distance au jeu de *boules.*

Abutâ v. n. Quiller, viser à un but.

Acacî (s') v. p. Se baisser.

Acalâ (s') v. p. S'apaiser, en parlant du vent. En fr., on dit *caler doux.* (Esp. *acallar.*)

Acatâ (s') v. p. Se baisser, à la façon des *chats.*

Accani adj. Fatigué, épuisé de lassitude, de maladie.

Accore. Accoure adv. Quand? à quelle heure? inter. « *Accoure vindrot-au?* » quand viendra-t-il? (C. ar, pendant. R. accourt).

Accotâ v. a. Tenir dans ses bras, caresser. *Accotâ quauqu'un* signifie aussi se serrer près de quelqu'un.

Accoulâ v. a. Lier, attacher la vigne.

Accoutî. Accoutchî v. a. Embrouiller. *Chivœux accoutchis,* cheveux gras, collés ensemble. V. *Découti.*

Accuchonnâ v. a. Entasser, amonceler, mettre en *cuchon.*

Achabî v. a. Gaspiller, perdre inutilement.

Achabœu-airi adj. Prodigue, dissipateur.

Achati (s') v. p. S'appliquer à quelque chose.

Achira. Echirac s. f. Mauvais terrain rempli de rochers. V. *Chirat.*

Achoupâ (s') v. p. Être surpris, trompé.

Aclapendon (en) loc. adv. *S'assetâ en aclapendon,* s'asseoir les jambes croisées, comme les tailleurs.

Aclapi adj. part. Accroupi.

Acle s. m. Ecorce d'arbre, morceau de bois. Rom. *ascla,* id. de *asclar,* fendre. Etre maigre comme un *acle,* prov.

Aclerons s. m. pl. Copeaux, brindilles de bois.

Acrapusî (s') vp. S'asseoir sur les talons.

Acroupeton (en) loc. adv. Se mettre en *acroupeton*, s'asseoir sur ses jambes croisées. On dit aussi *à croupeton*.

Acrouponnâ (s') v. p. Se baisser, s'asseoir sur les talons. (S'accroupir.)

Addûre, Adjûre v. a. Apporter, amener, conduire. *Adduzi le couevou*, Apportez le balai. « *Si os addude voutra fenna*, » si vous amenez votre femme.(Lat. *adducere*, amener.)

Adencî v. a. Agacer, irriter. « *La fruti verde adencie les dents*, » les fruits verts agacent les dents. Dans le patois francisé de Lyon : donner la *dence*.

Adio-Coumand, formule d'adieu usitée à Montbrison et à St-Etienne, et qui signifie probablement : « *à Dieu je vous recommande*, » malgré les explications plus savantes qu'on en a données.

Adioussias, Adioucha-nâ, formule d'adieu dans la montagne, à Dieu soyez. La seconde forme est l'abréviation de « *à Dio seyas, ménas*, » « à Dieu soyez, enfants. »

Adoubâ v. a. Réparer, arranger, orner, et par antiphrase, assommer, écraser. En Auv. châtrer. *Cœu adouba*, cuir tanné, par oppos. à *cœu peloux*, cuir velu. (C. *adoba*, ms., d'où vient *radouber* un vaisseau. Esp. *adobar*)

Adoubœu adj. Mauvais ouvrier, qui gâte l'ouvrage.

Adoune adv. Alors, en ce temps-là. Vx français.

Aêtres s. f. pl. Arrhes d'un marché.

Aêtres, Aîtres s. m. pl. Auvent, balcon, galerie d'un chalet, d'où le prov. : *connaitre les aitres d'une maison*. (Lat. *atrium*, vestibule, auvent.)

Afan, Afanament s. m. Travail, peine, chagrin. (Ar. *afan*. Esp. *afan, afanar*. Vx fr. *affaner*, etc.)

Afanâ v. a. Gagner péniblement, faire difficilement une chose.

Afanâ (s') v. p. Se dit des poules qui cessent de pondre.

Afanageou sm. Produit d'un travail pénible. « *Cotsi tot soun afanageou*, » manger tout son avoir.

Afanœu s. m. Ouvrier, homme de peine, manœuvre.

Affarâ v. a. Caresser. (C. *farr.* Bq. *affariâ*, apprêter.)

Affarâ (s') v. p. Se lisser les cheveux ; faire sa toilette, en parlant des chats.

Affara adj. Gracieux, avenant. « *Lou groin bien affara*, » le visage propre, le menton rasé, etc., d'où *faraud*, élégant.

Affalien adj. Malheureux, misérable, affamé. (C. *fallig.*)

Affegî v. a. Presser, durcir, serrer.

Afflquets, Affutiaux s. m. pl. Parure, ajustements de femme.

Afflstoulâ v. a. Orner, ajuster, parer. (Esp. *afeitar.*)

Afforchi v. a. Affirmer quelque chose, rendre fort.

Agacin s. m. Cor aux pieds. Très-usité à Lyon. (R.)

Aglapi adj. Englué, collé.

Agonei s. f. Douleur, chagrin. (Rom. *a* priv. *goné*, joie.)

Agourâ v. a. Tromper. (B. *gourr.*)

Agourœu-airi adj. Celui ou celle qui trompe.

Agourrinâ v. n. Fréquenter les *gourrines*, les femmes de mauvaises mœurs.

Agradâ v. n. Plaire, être agréable. (Esp. *agradar*. Bas lat. *agratare*.)

Agreli v. a. Chiffonner, froisser.

Agrêvou, Agriôle s. m. Houx, *arb.* (Lat. *agrifolium*, aigrefeuille, à cause de ses piquants.) On contracte de même *trifolium*, trèfle, en *triôle*.

Agrimodon. V. *grimodon.*

Agroumi (s') v. p. Se reserrer, se rapetisser. (Auv. *groumer*, peloton.)

Aguichî (s') v. p. Se percher, en parlant des oiseaux. Au fig. se dresser sur la pointe des pieds.

Aguilli s. f. Espèce de plante ombellifère à fleurs bleues.

Aguinchî v. n. Viser à, lancer des noyaux de cerise, guigner. (Qui vient de *guigne*, cerise.)

Aigri s. m. Levier.

Aigua s. f. Eau. (Lat. *aqua.*) *Aigua-lissi*, litt. eau douce, réglisse. *Aigua dau braudau*, eau-de-vie. *Aigua dau rivau*, eau courante. *Aigua-bulliot*, ou *bullion-nei*, potage sans légumes. *Aiguardant*, eau-de-vie ; voir *aiguardante*. *Aigua dau tronfó*, pour *de nœutron fó*, l'eau de l'ancienne fontaine du pré de la foire, à St-Etienne. *Aigua de Leiri*, eau de la Loire. (Les noms de rivière ne prennent généralement pas l'article. On dit *Lignon*, *Leiri*, au lieu de le Lignon, la Loire, etc.)

Aiguageou, Aiguai s. m. Droit payé pour avoir l'eau dans les prés, les jardins, pour l'arrosage. (Lat. *aqua.*)

Aiguageou. Aiguasse s. m. s. f. Inondation, crue d'eau, trombe d'eau. « *L'annie dau grand aiguageou*, » l'année de la grande inondation. (C. *ai-galach*, force de l'eau.)

Aiguardante s. m. Litt. eau ardente, eau-de-vie. On nommait ainsi, au moyen-âge, un breuvage fait avec la rhue. (Esp. *Aguardiente.*)

Aiguettes s. f. pl. Petit ruisseau, chemin creux envahi par les eaux.

Aiguïe s. m. Evier, égoût.

Allaï adv. Là-bas.

Aïlli, OEuilli s. f. Aiguille. On dit de même, par con-traction, *aïlloun* pour aiguillon.

Aïnche s. m. Hameçon. (Vx fr. *haïm.*)

Aïrelle s. f. Myrtile, plante très-commune dans les *jas* de Pierre-sur-Haute. Le fruit de cette plante.

Aïses s. f. pl. Toute sorte de vases, d'ustensiles.

Aïssaguâ, Aïssavâ v. a. Laver. *Aïssavà la buyà*, battre, essanger le linge d'une lessive.

Aïssoutâ v. a. Mettre à l'abri, à la *soute*.

Aïvage s. m. Sorte, espèce. Un *aïvage* de fruits. On dit ironiquement d'un enfant difforme et chétif : « *vou est un gente aïvage,* » c'est un bel héritier ! un beau rejeton ! (D. C. *herage*, race.)

Ajablâ v. a. Renverser, coucher à terre.

Ajassi-la part. Etendu sur le dos, couché.

Ajassî v. a. Presser, fouler la vendange.

Ajassî (s') v. p. Se coucher. (Lat. *jacere.*)

Alabrande s. f. Salamandre. « *N'aurans de ploye, les alabrandes s'emodont,* » nous aurons la pluie, les salamandres sortent de terre.

Aleïllo s. f. Charrette, char de foin.

Alicuta s. f. Flageolet. (Litt. alouette.)

Alla s. f. Ce mot, qui signifie proprement l'aile, a aussi d'autres sens tout particuliers. *L'alla d'un couëvou,* le man-che d'un balai. *L'alla d'un boes,* la lisière d'un bois.

Allanguâ v. a. Langueyer les porcs.

Allanguâ v. n. Répliquer, raisonner.

Allanguœu-aïri adj. Qui réplique.

Allauves s. f. pl. Sarments, copeaux, menu bois qui ne fait qu'une flambée.

Allicattes s. f. pl. Petites tenailles.

Allongâ v. a. Placer en temps et lieu. (Lat. *allocare*.)

Alluchâ v. n. Guetter, regarder sournoisement.

Al-poyi adv. En haut. (V. *poy*.)

Alyïn pr. adv. A côté.

Amarson s. m. Amertume.

Amat s. Pétrin. Le mot doit plutôt s'écrire *ma*, maie, du lat. *mactra*.

Amatâ (s') v. p. Se blottir, se baisser, se cacher.

Ambane s. f. Ancienne mesure de poids pour le pain. Un gros pain rond. Au fig. bedaine, panse, fanon d'un bœuf.

Ambé, Anbé pr. Avec. *Ambé jou*, avec moi.

Ambessi s. f. Ancienne mesure pour le bois. Nous trouvons dans un acte de la fin du xiiie siècle : *une ambessi de furnille de* 500 *faix l'ambessi*, une charge de bois pour chauffer les fours, à 500 fagots la charge.

Ambignon, Ambugnon s. m. Nombril (Vx *ambon*, du lat. *umbilicus*.

Ambre s. m. Osier blanc. (*Salix viminalis*.) L'écorce en est jaune comme l'ambre.

Amereille s. f. Lien d'osier.

Amesâ (s') v. p. S'apaiser, en parlant du vent.

Amiraillâ (s') v. p. Se mirer.

Amitous-ousa adj. Affable, caressant.

Amollâ va. Aiguiser sur la *meule*.

Ampan s. m. Largeur de la main, les doigts écartés.

Amplan s. m. Soufflet, taloche. (Lat. *alapam dare*, donner un soufflet)

Ampouai, Ampouin s. m. Framboisier, framboise.

Anâ v. n. Forme du verbe aller, dans la montagne. *Onte anas ?* où allez-vous ?

Ana s. f. Litt. Anée, charge d'un âne. Mesure pour le bois. Mesure pour le vin équivalant approximativement à l'hectolitre.

Ancanâ v. a. Cacher, dérober. (Lat. *arcana*, secrets.)

Anchans s. m. pl. Montants, jambages d'une porte, d'une fenêtre. (C. *anch*, étroit, d'où vient *angle*.)

Anche s. f. Fontaine, robinet en bois ou en cuivre d'une cuve. On dit : vendre du vin à l'*anche* de la cuve. (Gr. *ancheô*, couler. D. C. *alcha*, cellier, cuve.)

Ancoblâ v. a. Renverser, entraver, donner un croc en jambe.

Ancrïe s. f. Besoin, épuisement. « *Être à l'ancrie*, » tomber d'inanition.

Andan, Andana s. m. s. f. Andain, tas de foin, ce que l'on abat d'un seul coup de faucille, d'où les verbes *andagná* et *desandagná*, faire et défaire les andains. (Esp. *andana*, rangée.) Voir D. C. gloss.

Andaniœure s. f. Rangée d'andains.

Andâre adj. Pressé, qui se donne beaucoup de peine, qui est en retard. (It. *andare*, aller, marcher.) On doit peut-être écrire *en dare*. (C. *dare*, agitation violente.)

Andeleira, Andere s. f. Sorte d'étrier en fer suspendu à la crémaillère, sur lequel on appuie une poêle. Cet ustensile porte, suivant les localités, les noms d'*andeleira*, servante ou chambrière. En Auv. *andeleira* signifie au prop. une servante, une domestique. (D. C. *andelus*, fer placé sur le feu pour disposer le bois.)

Ander s. m. Chenêt, landier.

Aneille s. f. Béquille. (Lat. *anilis*, de vieille femme.)

Angliensi s. m. Eglantier.

Anguibar s. m. Fruit de l'églantier. (Voir *bayard*.)

Anheu. Anhei. Anhod. Anhui adv. Aujourd'hui. Les Gaulois comptaient le temps par nuits, et cet usage se conserva jusqu'à la fin du IXe siècle. On disait dans les actes : *comparoir devant les nuits*. Nous croyons néanmoins que ce mot vient simplement de *hodie*, d'où le vx fr. *hui*. On disait encore, au XVIIe siècle, jusqu'*à hui*, jusqu'au jour *d'hui*.

Animau s. m. Colin-maillard, *jeu*.

Anivei s. m. Petit serpent appelé ailleurs *borlie*, borgne.

Anouâ (s') v. p. Suffoquer, s'étrangler en toussant.

Anou s. m. Ane, partie d'un pressoir, pièce de bois dans laquelle passe la vis de pression. (Gr. *onos*, m. sign.)

Anou s. m. Ane. On donne ce surnom, par moquerie, aux habitants de Montbrison, depuis plus de trois siècles.

> « François Ier entrait à Montbrison,
> « Et le bailli lui lisait sa harangue.
> « Or, tout auprès, un âne, vieux grison,
> « Complimentait le Sire dans sa langue.
> « En ce moment, rapporte un vieil auteur,
> « Qu'on aurait tort de supposer menteur,
> « Le Roi François, gaillard et bon apôtre,
> « Leur dit : « Messieurs, parlez l'un après l'autre. »

Il existe une autre version.

> « D'un vieux vin de Purelle ayant bu deux bouteilles,
> « Le Roi dit au bailly, mais sans songer à mal :
> « Les gens de ce pays ont, dit-on, des oreilles
> « Longues... à faire envie à certain animal... »
> « Le bailly répondit : « leur longueur vous étonne
> « Et Votre Majesté daigne s'en occuper !
> « Eh ! c'est que nous n'avons encor trouvé personne
>   « Capable de nous les couper ! »

Suivant une autre tradition, les Montbrisonnais offrirent à l'un des quatre ou cinq Rois de France qui visitèrent leur ville, une ànesse blanche, présent qui n'était nullement ridicule au **Moyen-Age**, et serait plus difficile à trouver aujourd'hui qu'un merle blanc. Le roi fut enchanté du cadeau. et il tenait tellement à son âne qu'il avait juré la mort de celui qui lui annoncerait le trépas de la bête ; ce qui n'empêcha pas la bête de crever. Le difficile était d'en porter la nouvelle à Sa Majesté. Quelqu'un se dévoua et arriva tout en pleurs auprès du Roi :

— Hélas ! Sire, l'âne.....

— Eh bien ! que lui est-il arrivé ?

— Sire, l'âne !... Sire, l'âne !...

— Il est mort ! s'écria le Roi.

— Sire, ce n'est pas moi qui l'ai dit ! répliqua le messager qui, du reste, en fut quitte pour la peur.

Ces anecdotes sont apocryphes, et il faut chercher ailleurs l'origine de ce surnom, soit dans une allusion au caractère doux et patient des Montbrisonnais, soit dans l'affluence des ânes que des marchés importants attirent dans leur ville.

Les habitants de Chagnon et de Luré portent le même surnom que les Montbrisonnais.

Il existe aussi, en Franche-Comté, un village nommé Pretin, si nos souvenirs sont exacts, que l'on nomme l'Académie des Anes, et l'on y renvoie les intelligences obtuses.

Voir, pour les surnoms des villages et villes : *gaga, jaluffe, camisard, bleus*, etc.

Anquen adv. Avant, plutôt, d'abord. (Lat. *antequam.*)

Aôrot s. f. Œuvre ou plan, chanvre fin pour faire le linge. (Voir à *Chinève* les noms des différentes préparations du chanvre.

Aparâ v. a. Préparer, tendre pour recevoir. « *Apare*

toun chapaï, toun devanti, » tend ton chapeau, ton tablier. (Esp. *aparar.* — G. é. *apparan,* tablier.)

Apercisî (s') v. p. Devenir paresseux.

Apeltâ v. a. Attendre. « *Apeltez aoustris!* » attendez, vous autres! (Lat. *expectare.*)

Api s. m. Céleri. (Lat. *apium.*)

Appa s. f. Crampon de fer.

Apparâ v. a. Polir un morceau de bois. *Coutai appara,* ou *à parà,* outil de menuisier.

Appetit s. m. Estimation. A l'*appetit* de 600 sols.

Appîâ v. a. Voler.

Appîâ v. n. Atteindre à, toucher.

Appialâ, Appiata v. a. Appuyer, étayer. *Pàdre l'appiòte,* perdre son point d'appui.

Appinchî v. a. Guetter, regarder sournoisement, espionner. (Lang. *Espinchounà.*)

Appinchi-morliet s. m. Curieux, espion. (Voir *Morlietà.*)

Applechî v. a. Fournir, servir, ajuster. *Ben applechis,* bien accouplés.

Apponerî (s') v. p. S'efforcer de, s'appliquer à, employer son *pouvoir.*

Appoundaille s. f. Rallonge, ce qu'on ajoute à une chose pour l'allonger.

Appoundre v. a. Réunir, faire joindre, atteindre à... (Lat. *apponere.*)

Apprimâ v. a. Amincer, rendre *prime.* (Voir ce mot.)

Aqui adv. Ici.

Aquot pro. démonstratif. Ce, cet. *Aquo d'aqui,* celui-ci.

Arais, Ardi locution impérative. Allons, marche!

Arambâ (s') v. p. S'accrocher, s'arrêter. (Terme de marine, *aramber,* accrocher un vaisseau pour l'abordage.)

Arat s. m. Labour. « *Aul est à l'arat,* » il est aux champs. *Revenir de l'arat*, etc. (Lat. *arare*.)

Arat s. m. Terre labourée. (Esp. *arada*. Du lat. *aratus*.)

Arbalan s. m. Vantard, suffisant. En fr. fam. qui fait des embarras. (Esp. *arbolario*, brouillon, écervelé.)

Arbillon s. m. Débris de ferraille. « *Sourà quauque arbillon*, » amasser quelque bien.

Arcandier-ière adj. Pillard, voleur.

Arcanetta s. f. Sarcelle, *oiseau*.

Archi s. f. Arche, coffre où les paysans serrent leurs *veyés*, c'est-à-dire leurs habits, leur linge, leur argent, en un mot tout ce qui leur appartient. Et tel est leur respect pour tout ce que M. Proudhon appelle le vol, qu'un des jurons favoris du montagnard est *moun archi!* La clef du coffre, ou la cheville qui en tient lieu, remplace souvent le gros bouton de cuivre, *commensura*, qui retient la partie antérieure des *brayes*, le pont.

A St-Etienne, les arches étaient des réservoirs pour le poisson, en bois de chêne, et placés, au pré de la foire, sur la rive droite du Furens. C'était le rendez-vous des filous et des vagabonds. Les arches n'existent plus que dans le souvenir des *Gagas*. A Montbrison, la rue des Arches a la même origine.

On appelle arche toute espèce de coffre : il y a l'arche à l'avoine, l'arche aux fromages, l'arche au bacon, etc. (Lat. *arca*.)

Archière s. f. Arc, cintre d'une porte. Ce mot, assez commun dans les anciennes chroniques, a toujours été traduit par meurtrière, d'où tiraient les *archers*. « *Debet preparari murus portæ usque ad archeriam.* » (Devis des réparations exécutées au château de Brignais, en 1379.) *Les*

Routiers au xive *siècle,* par P. Allut. Lyon , 1860 , in-12, et compte rendu (A. Steyert) dans la *Gazette de Lyon,* 30 juillet 1860).

Archipot s. m. Espèce de mets particulier aux montagnes du Forez, et usité seulement pour les noces ou les fêtes paroissiales. C'est une véritable *olla podrida* fortement épicée, composée de viande de bœuf et de pieds de porc hâchés avec du pain blanc, et que l'on remue avec une grosse branche de laurier. L'archipot est le mets par excellence, le grand pot au feu, *l'archipot!*

Arët s. m. Bélier, mouton non *habillé.* (Lat. *aries,* Esp. *ariete.*)

Argnat s. m. Furoncle, clou, mal excessivement *hargneux* et incommode.

Ariôte s. f. Branche flexible pour attacher, lien, *hart.* (Voir *riôte, rieusse.*)

Arjalla s. m. Sorte de genêt épineux.

Arlandi s. m. Voleur, pillard.

Arma. Armetta s. f. Ame, petite âme. *Pâ moun arma!* juron. *Les armettes,* les âmes du Purgatoire. *Armalasse,* se dit d'une personne molle, lente à marcher, convalescente.

Armaille s. f. Ancienne forme du mot armoire. (B. *armell.*) Le luxe des paysans consiste en partie dans les belles *armailles* de chêne bruni, avec des ornements en cuivre découpé et repoussé. Ce meuble est toujours compris dans la dot d'une fille.

Armella s. f. Protubérance qui se forme sur un fuseau, un peloton, quand on dévide longtemps sur le même point.

Armon s. m. Arroche, bette, pl. (*Atriplex hortensis.*)

Arna. Arta s. f. Teigne, insecte dont la larve cause

des ravages dans les étoffes, dans la laine, etc. Au fig., parasite, avare.

Arôre, Araire s. f. Charrue primitive, sans roues ni
versoir. Il existe une légère différence de forme entre les
arôres de montagne et celles de la plaine. Les principales
parties de l'arôre sont : la *maitre*, bloc de bois qui forme le
corps de la charrue ; la *quoua* ou l'*estéve*, le manche ; les
orilles ou oreilles ; l'*echambousson* ou la *chamboussi*, litt.
jambe de bœuf, pièce adaptée à la maitre et qui se recourbe
en avant ; la *tendille*, ou *tardalla*, vis qui sert à rapprocher
ou éloigner la chamboussi du corps de la charrue ; la *prôla*,
cheville placée à l'extrémité de la chamboussi, qui sert de
timon, et à laquelle on attache la chaîne, *chanéra*, correspondant au joug ; la *reille* ou soc, adaptée au bout de la
maitre et retenue par une *morle* ou virole de fer.

Arpa s. f., **Arpion** s. m. Griffe, doigt de pied. On
dit d'un homme à l'agonie, qu'il est *su l'arpa de la mort*.
« *L'arpa de l'eimbition lo tsiranchi si fort...* » la griffe de l'ambition le tourmente si fort. Roq. *La Pereyoux.* (Esp. *Arpa.*)

Arpalant s. m. Escogriffe, agent de police.

Arrapâ v. a. Saisir, empoigner, se coller. (Lat. *rapere.*)
« *Et que te n'as pas tout l'itio — La chamisi arrapa au*
« *quio.* » M. A.

Arreâ v. n. Avoir soin des troupeaux.

Arreaire s. m. Celui qui prend soin des bestiaux.
(G. i. *aireach*, gardeur de troupeaux.)

Arreament s. m. Ajustement, ornement, train, équi-
page. (Vx fr. *arrai*, d'où vient désarroi.)

Arrei. Derrière. « *Arrei de la cau*, » derrière la haie.

Arreisî (s') v. p. S'apprêter. « *Arreisi-te donc una bresa*, » M. A. Ajuste-toi donc un peu.

Arreisî v. a. Garnir, orner.

Arria s. m. Embarras, confusion. Vieux mot employé par Villon. (G. *ariar.*)

Arroupâ v. a. Envelopper.

Arroussâ v. a. Amasser, entasser.

Arsicon s. m. Petite fourmi.

Arsiœu s. m. Orgelet qui vient au bord de la paupière.

Artabalarta (à l') loc. adv. Au hasard. (Prov. *artabal.*)

Artison s. m. Mite ou ciron, *acarus* du fromage.

Assa excl. Or sus ! *assa, ménas,* allons, enfants !

Assablâ v. a. Égoutter, d'où *sabler* le vin.

Assadâ (s') v. p. Se désaltérer, boire avec plaisir, avaler sa salive. « *Par miox z'assadà — Vou faut z'affanà.* » Chanson de Babochi.

Assapâ v. a. Heurter, achopper. « *Un lozou m'assupet, je bouquià la charreira,* » Ch. Un caillou me fit trébucher, j'embrassai le pavé.

Assigî v. a. Encuver le linge d'une lessive.

Assivâ v. a. Donner à manger, rassasier. (Lat. *cibus,* nourriture.) Voir *Civadà.*

Assûre v. a. Achever, finir. Vider un verre, une bouteille. *Assûre d'entounà,* vider d'un trait, sans s'arrêter.

Assurâ v. a. Assurer. Une locution très usitée est *m'assure,* pris dans le sens de *peut-être, je suppose.* « *Au vindrot, m'assure, anheu,* » il viendra, je pense, ce soir.

Assus adv. En haut. (Voir *Sùs.*)

Assut, Aissut adj. Accablé de fatigue, épuisé.

Assuyageou s. m. Achèvement.

Assuyœu adj. Dissipateur, prodigue.

Atapa s. f. Morceau d'étoffe qui couvre le *carreau* des dentelières.

Atapâ v. a. Couvrir, cacher. Une vieille auvergnate malade disait à son neveu : « *atépot-me ! quand faraé la papa, te bailaraé le tsaudru à litsâde,* » c'est-à-dire, en faisant allusion à son héritage : couvre-moi bien, quand je ferai la bouillie, je te donnerai le chaudron à lécher. (Esp. *tapar.* Lang. *atapâ,* etc.)

Atape s. f. Cachette. Jouer à l'*atape,* à la *recondaille,* à la cachette ; ces trois mots ont le même sens.

Atapî (s') v. p. Se cacher. D'ou vient *se tapir.*

Ates s. f. pl. Plantes desséchées, des légumes.

Atipâ v. a. Alourdir, rendre pesant, engourdir, au moral.

Atou s. m. Broche, rôtissoire. Vx fr. *astier.* (Lat. *asta,* de *hasta,* pique.)

Atru Participe passé du verbe être, qui a formé les mots *mal-atru,* qui est mal, *ben-atru,* qui est bien. *Atru* a quelquefois le sens de ce dernier mot. « *Ren prus atru ni plus héroux.* » M. A.

Atrot adj. Funeste, malheureux. *Un dzour atrot,* un jour malheureux.

Au pr. Avec. *Au ie,* avec moi ; *au se,* avec lui ; *au z-ellous,* avec eux.

Au, Aul, A, Al *Il, al* et *aul* s'emploient devant les voyelles.

Aubes g. f. pl. Etincelles.

Auchâ v. a. Retourner sens dessus dessous.

Auch s. f. Oie. Ce mot est du celtique pur. (Bas lat. *auca.*)

Augment s. m. Acquisitions faites après le mariage. « *La varcheiri et l'augment,* » la dot et les acquêts.

Aulagne, Allogne s. f. Noisette. (Lat. *avellana nux.*)

Aulagni s. m. Noisetier, coudrier, d'où les noms propres *Olagnon, Ollagnier*.

Aura s. f. Vent, air. Il y a quatre sortes de vents : la *cizampa* ou bise (nord), la *travarse* ou *mountaneiri* (ouest). le *vent* (midi), le *matinat* (est). (Lat. *aura*.)

> « Quant le matinat court avant meijour
> « N'aurans de ploye avant trac jours. »

> Quand vou plot pa la bisi,
> Vou moille jusqu'à la chemisi.
> Quand vou plot pa le vent.
> Vou moille jusqu'au pan.

> Les aures se contrassont.

Auriao s. m. Abri. « *Se betta à l'auriao,* » se mettre à l'abri. (Les lettres *B* et *V* étant équivalentes, nous pensons que le mot français abri vient de *auriao, avriao, abriao*, abri.)

Aurisse s. f. Grand vent, orage.

Autariaux s. m. pl. Caillettes, boulettes de viande hâchée. (R. *astereaux*, tranche de viande roulée et grillée. d'*astier*, broche.)

Aux s. m. pl. Culottes, brayes. *Pourtà lous aux*, prov. Etre maître chez soi. Ce mot doit s'écrire *hauts*, car il vient de haut-de-chausse, de même qu'on a fait *bas* de bas de chasse. En tous cas l'*h* aspirée est inconnue en patois.

Avalâ v. a. Abaisser, baisser. (D'*aval*, en bas.)

Avalisquo, impératif du verbe *avalir*. En lang. disparaître, s'évanouir. Ce mot est très-usité dans le midi. Nous trouvons dans Rabelais : *avalisque, Satan*, pour *vade retrò, Satanas*. Dans un noël de Chapelon, le berger dit à l'ange, par moquerie : « Si vous me trompez, je vous dirai *avalisque*. » Ce que l'éditeur du poëte stéphanois n'a pas compris du tout, parce que ce mot est tombé en désuétude.

Avarî v. a. Dédaigner, abandonner. Se dit aussi des œufs qu'un oiseau cesse de couver.

> « *Et lous bos avarirant l'herba*
> « *Niô-ben lou caconnet la m....* » M. A.

Les bœufs dédaigneront l'herbe — et les bousiers l'ordure, avant que.....

Aveille s. f. Abeille. Dans le Forez, comme dans d'autres anciennes provinces, les abeilles sont les amies de la famille, et participent à ses joies et à ses chagrins. Quand il meurt quelqu'un dans une maison, on leur fait porter le deuil en attachant un morceau de crêpe à la ruche. S'il survient, au contraire, un mariage ou un baptème, on y attache un ruban rouge. Virgile ayant appris à tout le monde que les abeilles aimaient la musique, on poursuit les essaims en fuite à grand renfort de casserolles, mais il est défendu de mal parler ou de jurer autour des ruches. La *reine*, que nos paysans, plus savants que les savants, ont de tout temps nommée la *mère*, périrait immédiatement.

Aveindre v. n. Atteindre à.

Avengea v. n. Suffire à, devancer.

Aventâ v. n. Amener à soi, atteindre. Au fig. aboutir, réussir, être convenable, séant.

Averâ v. a. Détourner, ôter, dispenser quelqu'un de quelque chose. (Lat. *avertere*.)

Aviâ v. a. Ranimer, faire revivre.

Avirondâ v. a. Parcourir en tournant. (De virer.)

Avisâ v. a. Regarder. (Lat. *videre*.)

Avis s. m. Etau.

Avvo Imp. abs. Allons, arrive !

B

Babarauchi s. f. Fantôme, épouvantail.

Babau s. m. Loup, croquemitaine dont on ménace les enfants. Petit homme qui descend par la cheminée. Dans Théocrite, une nourrice menace son enfant de la *baboue* et du marmot. (Rab.) (C. *bab*, petit, d'où l'angl. *baby*, et le franç. *bébé*.)

Babau, Bobo s. m. Léger mal, en langage enfantin.

Babet s. m. Pomme de pin. V. *belot*.

Bachassi s. f. Pétrin, coffre pour pétrir le pain. La *bachasse* et le dressoir sont les principaux meubles d'une ferme, et sont toujours frottés et cirés avec le plus grand soin. On raconte, en plaisantant, qu'une brave vieille femme, dont la vache était malade, s'adressait, en ces termes, au bon saint de bois de son église, lequel saint avait été fabriqué avec le même arbre que son pétrin :

> « San Barthomio, fràire de noûtra bachassi,
> Guarissi noûtra vachi. »

Bachassola, Bachasson s. f. s. m. Auge pour faire boire ou manger les bestiaux. Caisse à mettre les cendres.

Bachat s. m. Auge à pourceaux, abreuvoir. «*Bacha ad aberandum* » Acte de 1300. (Diminutif de bac.)

Bacholla s. f. Voir *bachassola*.

Bachot s. m. Petit bateau, barque. (Très-usité à Lyon.)

Bacon s. m. Lard.

> « *Bettas la man au bacon*
> « *Copas large, copas long*
> « *Baillas n'en ûn boun transon.* » (Noël.)

En 1340, un *bacon*, ou porc gras, valait 20 sous tournois. (*Testament de Jean Puy, de Montbrison.*)

Badâ v. a. Ouvrir. *Badà*, la porte. *Bada-goule, bada-bé,* niais, qui ouvre la bouche, d'où vient badaud. — Deux paysans, se rencontrant au marché, se tiennent le dialogue suivant, que l'on s'accorde à trouver très-spirituel :

« *Quant ta chiôre bada-bé ?*
« — *Trei vïngt sàos, sarra-quio.*
« — *La baillaras pas pà un ecu ?*
« — *La baillarïns pas ren, omi !*

« Combien ta chèvre, badaud ?
« — Trois vingt sous, serre-fesses.
« — Tu ne la donnerais pas pour un écu ?
« — Je ne la donnerais certes ! pas.

Baculon s. m. Petit morceau de bois pointu aux deux bouts que les enfants font sauter. Le jeu du *baculon*.

Badola s. m. Homme de peu de sens, badaud. (Esp. *badulaque.*)

Bagnou, Bagnon s. m. Baquet, cuvier pour la lessive.

Bajaffe, Barjaque s. m. Bavard, bredouilleur.

Balai s. m. Genêt dont on fait les *balais* communs. Il ne faut pas croire que ce mot patois vienne du français ; c'est tout-à-fait le contraire qui a eu lieu. En celtique et en breton *balau* signifie genêt. C'est au celtique que nous avons emprunté le nom moderne du balai. Voir *couévou*.

Balant s. m. Equilibre.

Ballouffe s. f. Balle d'avoine, enveloppe du grain.

Balloufière s. f. Paillasse faite ordinairement avec la *ballouffe*.

Bambanâ, Bambardâ v. n. Flâner, aller lentement, d'ici et de là. (Esp. *bambanear*, vaciller.)

Bambane s. f. Femme molle, sans énergie.

Bambes s. f. pl. On dit faire des *bambes* dans le sens de *bambanà*.

Banâ v. a. Huer, tourner en ridicule.

Bana s. m. Mari trompé, imbécile ; d'où vient *benêt*. « *Si vou'êtes couéfi banà, — prenez par tout essoublà, — lou chapai, la chapelieri, — una neiri, — una granda neiri.* » Chanson de Babochi.

Baraban s. m. Dent de lion, pl. salade.

Baqmolâ s. f. Plaisanterie ou châtiment, consistant a frapper le derrière de quelqu'un contre terre. *Faire la baquiole*, culbuter. (Vx fr. baculer.)

Barafutes s. f. pl. Choses de rebut. Un plein grenier de *barafutes*.

Baragne s. f. Endroit stérile, couvert de ronces ; la levée d'une terre ordinairement abandonnée aux broussailles, fossé qui sépare. « *La lióra ére écondue dins les baragnes.* » Le lièvre était caché dans les buissons.

Baranque adj. Embarrassant, chose mise au rebut.

Baraton s. m. Espèce de fromage blanc fait avec la baratte ou résidu du battage du beurre.

Baraud, Baraudon s. m. Petit pâtre employé dans la plaine à garder le menu bétail. (En Berri *bouaron*, qui vient de *bos, bovis*.)

Barbellâ v. n. Bavarder, radoter.

Barbelle s. f. Radotage, conte.

Barbelles s. f. pl. Petites racines des plantes. Bavures, ce qui s'attache au bord d'un vase.

Barbelloux-ousa adj. Radoteur, bavard, baveux.

Barbiot s. m. Sarment planté provisoirement et qui prend racine.

Barbotâ v. n. Bavarder. Germer, en parlant des graines.

Barbouilloun s. m. Brouillon, qui ne sait ce qui dit, qui bredouille en parlant. (Esp. *barbullon*.)

Barchu-na adj. Edenté, échancré. *Un plat barchu qui siert de lichifrois.* Un plat ébreché qui sert de lechefrite. (De *brèche*, par transposition de lettre.)

Bardaraches s. f. pl. Bavures restées au bord d'un vase.

Bardella adj. Tacheté. Nom d'amitié donné aux vaches.

Bardin adj. Le *sac-bardin* est le gros intestin du porc.

Bardoire s. f. Hanneton (très-usité à Lyon).

Bardane s. f. Punaise (très-usité à Lyon).

Bardot s. m. Ane, bourrique. Celui sur qui retombe tout le travail, tous les reproches.

> « *De la quoua dan bardot*
> « *I n'ant fat una saucissi*
> « *Qu'a sarvi de fricot*
> « *A toute la justici.*

De la queue de l'âne — ils ont fait une saucisse — qui a servi de fricot — à toute la justice. (Chanson CII.)

Bargnâ v. a. Montrer les dents, en parlant des chiens.

Barin-barailli s. m. Jeu cité par Chapelon. Il consiste à placer un objet dans une main, à tourner les poings l'un sur l'autre en disant : *barin-barailli, qu'una sarailli?* « Quelle serrure est-ce? » et à faire deviner dans quelle main est caché l'objet.

Baritan s. m. Etamine, étoffe qui sert à faire les cribles, les tamis.

Baritellâ v. a. Tamiser la farine.

Baritella s. f. Jeune fille folâtre.

Baritelleri s. f. Tamis pour la farine. Ce mot a été

usité jusqu'au viie siècle. On le trouve dans l'inventaire du couvent des Carmes de Lyon, fait en 1572, après le départ du baron des Adrets.

Baritet s. m. Tamis, tic-tac d'un moulin. Les meuniers foréziens sont loin de jouir d'une grande réputation de probité. Au lieu de prendre dans le sac qu'on leur donne à moudre l'*écuellée* de grains que leur accorde l'usage, ils en prennent plutôt trois, suivant en cela le conseil du *baritet*, qui va répétant par son tic-tac : « *Prends par te, par me, par l'ânou.* » Prends pour toi, pour moi, pour l'âne ! (D. C. *baretet*.) — (Ces quatre derniers mots viennent de *baritan*.)

Barlet s. m. Petit tonneau, barillet. Celui qui vend du vin donne, suivant l'usage, au voiturier qui vient le chercher, un barillet de 2 ou 3 litres.

Barliacre s. m. Huissier, terme de mépris. Les huissiers, ou *dépendeurs de crémaillère*, jouissent en Forez, comme ailleurs sans doute, de la réprobation universelle.

Barliaud adj. Imbécile, idiot.

Barlia-assi adj. Surnom donné aux habitants de la plaine, que l'on nomme aussi *ventres-jaunes*, à cause des courges dont ils font grande consommation.

Barlierâ v. n. Saisir, comme font les *barliaères*.

Barmat s. m. Haie formée de gros arbres.

Barnau s. m. Feu de joie du mardi gras et du dimanche des brandons. On dit *barnau* dans la montagne, *railli* dans la plaine, et *lunœre* dans le sud-est, près du Lyonnais et du Dauphiné.

Barnola s. f. Panier d'osier pour mettre le poisson. Petit réservoir à la suite d'un bateau.

Barrat s. m. Vase à battre le beurre. « *Séque un barrat pertusa vez lou quio*, » CH. De plus, une baratte trouée au fond.

Barreari, Barreyâ, v. n. Avoir de la peine à faire quelque chose, travailler péniblement. *Barreyá sa viot,* gagner sa vie avec peine.

Barri s. m. Muraille d'une ville, fortifications. En Esp. *barrio,* quartier d'une ville. (G. *Bar,* clôture, d'où *barreau, verrou,* etc.)

Barroulâ, Barreulâ v. a. v. n. Dégringoler. « *Mous eclots m'ont fat barreulá lous degrés,* » mes sabots m'ont fait tomber dans l'escalier. (De *bas* et *rouler,* rouler en bas.)

Barrountâ v. a. Radoter, se mêler de tout, ruminer quelque chose.

Barrountâ (se) v. p. Errer, flâner, se promener.

Barrot s. m. Char rustique composé d'une simple claie placée sur deux roues.

Bartailly s. f. Ustensiles de ménage. A Lyon : *bartasserie* de cuisine.

Bartau, Barton s. m. Pot à eau.

Barta s. f. Pot, vase.

Bartavelâ v. n. Déraisonner, ne savoir ce que l'on dit. « *Son lingueron pointsu bartavelove ainsi.* » Roq. Sa langue pointue bavardait ainsi.

Bartavella s. f. Crécelle, femme bavarde.

Bartaveloux, Bartavet s. m. Bavard, idiot.

Basque s. m. Bâtard.

Bataere s. f. Grand vase en bois à deux anses, employé dans la montagne pour mettre le lait.

Batafl s. m. Petit câble, corde. (Bords du Rhône.)

Batalânou s. m. Jeu fort ancien, cheval fondu. (Bâter l'âne.)

Batao s. m. Tresse de chanvre. Voir *chinéve.*

Batilloun s. m. Maillet.

Batillounâ v. a. Battre le linge avec un maillet.

Bauche s. f. Iris d'étang.

Bauches s. f. pl. Fanes des légumes, des pommes de terre, plante desséchée.

Baudie s. m. Taureau.

Baudillâ v. n. Être nuageux, couvert, en parlant du ciel.

Baudilloux adj. Incertain, prêt à pleuvoir, en parlant du temps. « *Le maé d'aôt est baudilloux.* »

Bauyâ v. n. Regarder avec étonnement, bayer aux corneilles.

Bayard s. m. Baies rouges de l'églantier nommées plus communément *gratte-cul*.

Bayard adj. Rouge, en parlant des chevaux, des vaches. *Un chivau bayard, una brâve bayarde.*

Bayardey s. m. Eglantier. (*Rosa canina*, rose des chiens.)

Bayet adj. Rouge. Voyez *bayard*.

Bayette s. f. Lucarne sur un toit.

Beate s. f. Bigotte (très-employé).

> « *Y diont que les beyattes*
> « *Ne se maridont pas,*
> « *S'ei trovont un bon rencontre*
> « *Le laissont pas passâ...* (Chanson.)

Beatilles s. f. pl. Bagatelles, choses de peu de valeur.

Beaune s. f. Espèce de raisin de qualité médiocre, d'où le proverbe : « *être de beaune,* » être de reste. Il y a deux sortes de beaunes : *la beaune gamaése,* plant primitif du Forez, et *la beaune brenette* qui fait un vin âpre et dur. Voir pour les plants de vigne : *moucheraud, gamaé, rôux-de-liöra, mornand.*

Bechicot s. m. Bout de branche cassée, bâton à corbin pour atteindre à quelque chose.

Bechu s. m. Sorte de pioche à deux dents, pour le fumier.

Beinâ v. a. Détremper, faire macérer des légumes secs, etc. (Br. *beinâ*, id.).

Belet adj. Ajouté à grand-père et grand'mère. Ce mot signifie bisaïeul, bisaïeule. En Auv. *rere-belet*, arrière grand-père (C. *bel*, source, tête).

Beletto s. f. Fourmi (du côté du Velay). Voir *mazotte*.

Belettâ v. a. Désirer ardemment, dévorer des yeux, être gourmand comme la *belette*.

Belot, Belin s. m. Agneau. — Pomme de pin nommée aussi *chiörelle* ou petite chèvre, peut-être parce qu'elle rebondit en tombant sur le sol. (Esp. *bellote*, gland).

Beluves s. f. pl. Etincelles poussées par le vent. (Auv. *beledge*).

Beluze s. f. Sorte de terrain de la nature du *chaninat*.

Benaisâ v. a. Rassasier, contenter.

Benaise s. m. Aise, satiété. « *Lo gloutons affamos chiquòvont liou benaiso.* » Roq.

Benaisi (se) v. p. Se trouver heureux, bien aise. — Etre rassasié « *As-tu prou mingeot, es-tu benaisi?* »

Benatru adj. Bon.

Beniô-be adv. Peut-être bien. (Auv. *beleoule-be*).

Benna s. f. Sorte de vaisseau en bois pour la vendange. la lessive, la houille. Mesure de capacité pour le charbon. Chez les Gaulois, la benne était une espèce de véhicule de panier d'osier porté sur des roues. « *Benna, linguâ gallicâ, genus vehiculi appellatur.* » (César, *Comm.*).

Benoille adj. Pansu, obèse.

Benon s. m. Petite benne, pour la lessive ou la vendange.

Bessacre s. f. Terre béchée ou à bécher. On dit *bessi*, bêche ; *bessâ*, bécher.

Besson s. m. Jumeau.

Besson, Busson s. m. Premier lait d'une vache qui a vêlé. On dit aussi *laibéu*. Le premier jour, on le fait boire à la vache ; le second, on s'en sert pour délayer la pâte avec laquelle on fait des *matefaims-raides*.

Betou conj. Peut-être.

Bettâ, Boutâ v. a. Mettre.

Bette, Bitte s. f. Chèvre.

Bettet s. m. Chevreau.

Beurlâ, Borlâ v. n. Crier, meugler. « *Essorliont lo public à forci de borlo.* » Roq. (C. *beul*, bouche).

Bezottâ v. n. Bégayer.

Bezonar s. m. Jeu cité par Chapelon.

Bezugnes s. f. pl. Hardes, mot correspondant au français familier *affaires*.

Bial s. m. Bief, prise d'eau, canal.

Bie, Bialœure s. f. Rigole pour arroser les prés, faite avec une pioche de forme particulière nommée *jalée* ou *jaillère*.

Biche, Bichon s. f. s. m. Grand ou petit pot en terre.

Bichet s. m. Boisseau, mesure pour les grains équivalant approximativement au double décalitre.

Bichi s. m. Pot en gré ou en étain pour mettre le vin. (It. *bicchiere*, verre.)

Bie s. m. Bouleau, arbre.

Biffe s. f. Veines temporales. Lorsqu'un enfant vient au monde, s'il a la *biffe* apparente, on dit qu'il sera malin.

Biganchâ v. n. Boiter.

Biganche s. m. Boiteux.

Bigot s. m. Pioche à trois dents, pour le fumier.

Bigageajou s. m. Bagage, butin.

Bigasse adj. Bigarré, de couleur pie. *Una vachi bigasse.*

Bigeard adj. Même signification.

Bilou, Bilette s. f. Gabriel, Gabrielle, nom propre, diminutif.

Bisouard-de adj. Qui est du côté de la *bise*, du nord. Les *bisouards* passent pour rusés.

Biolaigne s. m. Délicat, dégoûté.

Bitors-se. Tortu, contrefait.

Blanc s. m. Monnaie fictive encore en usage en Forez. Les pièces de 6 blancs, frappées pour la première fois en 1549 et abolies en 1660, valaient 2 sols 6 deniers. On dit encore 6 *blancs* au lieu de 2 sous et demi.

Blanque s. f. Feuille, en parlant du papier.

Blauda s. f. Blouse, vêtement peu employé en Forez. (*Blaud, bliaud*, vêtement gaulois.)

Blava adj. Pâle, blanc. « *Vieilli prus blava que la mort.* » M. A.

Blogi s. f. Boue.

Blotte s. f. Tige de chanvre tillée ou chenevotte. « *Blotte dau carou*, » tisonnier, fourgon, piquefeu.

Blou s. m. Balle des grains du seigle et du froment. (G. *bul*, balle d'avoine.)

Bluyâ v. a. Tiller le chanvre.

Bobe s. f. Grimace, moue de la lèvre inférieure. On disait aussi *babou*. « *Panurge luy feist la babou*, » en signe de dérision.

Il y a à Vienne la rue de la *Bobe*, ainsi nommée à cause

d'une tête antique de Jupiter encastrée dans un mur, et dont la lèvre inférieure était proéminente (Chorier).

Bobo s. m. Huppe (oiseau).

Bocharle s. f. Fauvette (oiseau).

Boccon s. m. Morceau, bouchée. *Un boccon de pan.* une bouchée de pain. (Ital. *boccone,* de *bocca*), par extension.

Bode, Boudet s. f. s. m. Petite vache, veau.

Boeme, Boyme adj. Hypocrite, trompeur.

Bœnâ v. a. Voy. *beinâ.*

Boene s. f. Borne, d'où *deboenâ,* arracher les bornes.

Boessie s. f. Fagot de tiges de chanvre, botte de foin.

Boffâ v. a. Manger (fam.).

Boge s. f. Sac de farine de la contenance de 125 kilos.: sac. (G. *bog, bolg,* sac de peau, enveloppe, de *bolg,* ventre. et. par extension, tout ce qui s'arrondit. (Voir *longeole.* dans le sens primitif).

Boju adj. Creux, enfoncé, vide.

Borda s. f. Maison, cabane.

Borde, Borgne s. m. Petit serpent aveugle qu'on trouve dans les prés.

Borde s. f. On dit *fœu de borde* pour un grand feu. un feu ardent.

Bordes s. f. pl. Poussière.

Borde s. m. Rond en osier à l'extrémité du timon d'un char et dans lequel on met la cheville ou *playuri.*

Borgnicâ v. n. Regarder en clignant les yeux.

Borgnaquin, Borgnicandosse s. m. Qui cligne souvent les yeux, qui a la vue faible.

Borlie s. m. Borgne, privé d'un œil. *Aigua-borlia* ou *bouillon-nei,* eau bouillie, potage.

Borrat s. m. Gros nuage d'orage.

Botâ v. n. Réussir, aboutir, arriver. « *L'affaire botte mal,* » l'affaire tourne mal.

Botet s. m. Champignon.

Botierlat s. m. Gros saucisson , nommé aussi *Bon-Jésus,* et que l'on mange au réveillon de Noël. (Lat. *botellus.* Esp. *botarga.*)

Botte s. f. Outre, tonneau. Au siècle dernier, lorsque les chemins n'étaient pas entretenus comme aujourd'hui, on portait le vin dans des *bottes* ou outres en cuir. On dit encore, en terme de marine, des *boutes* pour embarquer l'eau. (Esp. *bota*). Ce mot se retrouve du reste dans toutes les langues : hébraïque, saxonne, grecque, etc.

Bouchae s. m. Petite fenêtre d'un grenier, d'une étable.

Boucharïn adj. Qui est des bois, forestier.

Boudifle s. f. Toupie.

Bouffâ v. a. Souffler, attiser, *Bouffa-feu,* qui souffle le feu, cendrillon, servante.

Bouffettes s. f. pl. Soufflet pour le feu. (Esp. *bofetada.*)

Bougeole s. f. Bedaine, panse, ventre. Vx *bouge,* renflement. Voir *boge.*

Bouillat s. m. Endroit marécageux, tourbière. Voir *nante, narse, mouille, vivier, sabouillat.*

Bouliguâ v. a. Secouer, remuer, tourmenter.

Bouquâ v. a. Embrasser. *A bouquâ* se dit toujours à la fin des rondes et des *brands.*

Bourbe s. f. Boue épaisse. Voy. *piôtre.*

Bourde s. f. Perche garnie d'un morceau de fer à son extrémité, instrument de pêche.

Bourdis, Bourdissage s. m. Désordre, pêle-mêle, embarras, paille hachée, broussailles.

Boureiri s. f. Vieille vache qui ne porte plus, vache *taurinée*. (C. *bour*, taureau.)

Bourgnon s. m. Essaim d'abeilles (*Auv.*).

Bouron s. m. Araignée. Les mères qui donnent un raisin à un enfant n'oublient jamais de lui recommander de ne pas avaler le *bouron*. Cet insecte tisse sa toile dans le ventre, et l'on ne tarde pas à en mourir, dit-on.

Bourra s. f. Petite pluie fine.

Bourrâ, Borrâ v. n. Pleuvoir finement.

Bourrassâ v. n. *Même signification.*

Bourre s. f. Sorte de jeu de cartes.

Bouta, Bouti s. m. Mollet, gras de la jambe.

Boutâ v. a. Mettre.

Boutassat s. m. Bourbier, *au fig.*, mauvaise soupe.

Boutasse s. f. Réservoir d'eau, citerne.

Boutifle s. f. Vessie, gonfle.

Boutillon s. m. Petite grappe laissée par les vendangeurs.

Boutillounâ v. n. Grapiller, ramasser les *boutillons*. Au Moyen-Age, on disait *Alleboter, alleboteur*.

Boutin-ina s. m. s. f. Chevreau, chevrette.

Boutsas s. f. pl. Lèvres. (Auv. *id.*)

Bovîna s. f. Vache. Ce mot qui n'est qu'*adj.* en français, est *substantif* en patois.

Boye, Boyaude s. f. Fille, enfant. (Ang. *boy*, petit garçon.)

Bragard adj. Elégant. Du temps de Rab. on appelait *mignons bragards*, les jeunes gens qui se distinguaient par la magnificence de leurs *brayes*.

Bragardise s. f. Elégance, parure.

Braise s. f. Miette. Pris adv., *una braise* signifie un peu, d'où le verbe s'*ebresâ*, s'émietter. (C. *breson, bruson*, même sign., d'où vient certainement le nom de Montbrison, toujours écrit *Montbruson* jusqu'au XIVe siècle, et non d'une déesse *Briso* qui, dit-on, préside aux songes, mais qui plutôt a fait rêver debout certains étymologistes.)

Bramafan adj. Misérable, affaibli par le jeûne, qui *brame* la faim.

Bran s. m. Pampre, branche de vigne.

Brancellâ (se) v.p. Se balancer. (C. *brancell*, balançoire.)

Brand s. m. Branle, *danse*.

Brandons s. m. pl. On nomme dimanche des Brandons, le premier dimanche de carême. Ce jour-là, aussitôt la nuit venue, des milliers de feu de joie s'allument à la fois sur la montagne et dans la plaine. On en donnait le signal autrefois en jetant un flambeau allumé du haut de la plus haute tour du château à Montbrison. « *Le soir des brandons, quand on jetait les flambeaux du haut de la tour en bas, où ils estoient vus de tout le pays.....* » (P. Fodéré). En Bretagne, dans certains villages, un ange mécanique descendait du haut du clocher, un flambeau à la main, et venait mettre le feu au premier bûcher.

Branquiolâ (se) v. p. Se balancer.

Braquâ v. a. Ecraser, tiller les tiges du lin.

Brassoula v. a. Bercer.

Brau s. m. Bourgeon.

Brava s. f. Génisse. (D. C. *braima*.)

Bravardâ v. n. Mélanger les troupeaux dans les pâturages, à Pierre-sur-Haute.

Bravarde s. f. On appelle maîtresse *bravarde* la plus belle vache d'un troupeau, celle qui porte la clochette et conduit les autres.

Brave adj. Beau, bien vêtu. (C. *brav*, G. *briaw*.)

Brayâ v. a. Se mêler de tout, faire le maître, porter les *brayes*.

Brayes s. f. pl. Culottes, pantalon. Ce dernier mot n'est nullement usité. On nomme *Jeanna à brayes* une femme qui se mêle de tout.

Bren s. m. Son. « *Au fait l'ânou pa avaé de bren* » (prov.). Il fait l'âne pour avoir du son.

Bresson, Brousson s. m. Goulot. « *Sans brousson ni maneilles,* » sans anses ni goulot.

Bretagne s. f. Plaque de fonte, derrière le foyer, qui chauffe la pièce contiguë.

Bretillon s. m. Filet de la langue des petits enfants. On dit d'un bavard « *Quo que ny a coupot le bretillon a bë gagnot sous cinq saos,* » celui qui lui a coupé le filet a bien gagné ses cinq sous.

Breuil, Breil s. m. Bocage, taillis, d'où les noms propres *Breuil, Dubreuil.* (Du C. *Brus,* est venu *Brosse,* les *Brosses,* le *Bruchet* et le mot français *broussaille.*)

Brinque s. f. Rosse, mauvais cheval.

Briffa s. f. Gloutonnerie, période où les vers-à-soie mangent le plus. « *Au seimble in regiment de magnis à la briffa.* » (Roq.).

Briot s. m. Cellier, cuvier.

Briscaille s. m. Vagabon, mendiant.

Broche s. f. Aiguille de bas. (C. *brocha*). Le proverbe « *Enfant comme les broches* » vient peut-être du mouvement du jeu des broches.

Brogî, Brougî v. n. Réfléchir, rentrer en soi-même, se repentir. « *Que vou est que te brogi?* » à quoi penses-tu ?

Bronchia s. f. Salutation, courbette.

Broutâ v. n. Se dit du lait qui tourne, qui caille par la cuisson. A Lyon, *broûter*.

Brure v. n. Crier, faire du bruit.

Bru s. m. Ruche d'abeilles, essaim (par mimologie).

Bru s. m. Petite seille pour traire les vaches.

Buclâ v. a. Brûler. (C. *buclâ*.)

Bugne, Bugnette s. f. Sorte de gâteau cuit dans l'huile, beignet. *Au fig.*, personne sans énergie, sans ca-ractère.

Bura s. f. Beurrée, fromage blanc, *baraton*. On dit : *una bura de neigi*, une ondée de neige.

Bures s. f. pl. Le dimanche des Bures ou des Brandons, premier dimanche de carême. Voir *Brandons*.

Buri s. m. Beurrier, baratte pour battre le beurre. Le couvercle se nomme l'*écuelle*; la *matte* est la petite palette ronde au bout du manche.

Burlet s. m. Gros bâton pour jouer à la *caye* ou à la *chiôre*.

Buron s. m. Chalet des montagnes de l'Auvergne, que l'on nomme *loge* ou *jas* sur le versant du Forez.

Buya s. f. Lessive (Lang. *bugad*). Le *chiôri* ou *fluri*, est le drap qui sert à mettre les cendres. On dit d'un homme sans énergie : « *Vou est un Jean de la buya.* » c'est-à-dire il n'est bon qu'à faire la lessive. *Menâ la buya*, couler la lessive ; *l'aissaguâ*, l'essanger ; *la jetâ*, la faire sécher, etc.

Buyasson s. m. Petite lessive.

C

Cabelot s. m. Tabouret.

Cablotte s. f. Hutte, cabane.

Cabochi s. f. Clou à grosse tête.

Caca s. m. Gâteau, friandise, en lang. enfantin.

Cacaborlion (à). A l'aveuglette. Voir *Borlie*.

Cacamusal s. m. Jouet, amusement d'enfants.

Cacamarlou s. m. Surnom des habitants de Saint-Bonnet-le-Château et des localités voisines du Velay. Ce sobriquet ne fleure pas baume.

Cachâ v. a. Pincer, blesser, meurtrir. « *Lou travouai ne cache pas sous daés*, » le travail ne meurtrit pas ses doigts. On disait autrefois *cacher*. On raconte qu'un prédicateur ayant dit devant la cour de Louis XIV : « *Chacun sait où son soulier le cache*, » un gentilhomme fit observer qu'il faudrait un soulier bien grand pour *cacher* un homme.

Cachon s. m. Rave sans *chavisse*, c'est-à-dire sans les feuilles.

Cachon s. m. Pépin de fruits, de légumes. « *Lou cachons de gourde fant de bouna hiaole,* » les pépins de courge font de bonne huile.

Caco, Cacagnio s. m. Œuf.

Cacolla s. f. Brou de noix, enveloppe dure des fruits, coquille d'œuf. D'où le verbe *decacola*.

Caconet s. m. Bousier, insecte qui vit dans l'ordure.

Cadatte, Cadette s. f. Dalle de pavage, seuil, perron, trottoir (très-usité à Lyon, où l'on dit, dans une langue inconnue à l'Académie : « *Ooh ! canante, reveille le gone que* *dort sus la suspente, dis-lui d'aller jeter les esquevilles sus la cadette,* » au lieu de : « Femme, réveille l'enfant qui dort sur la soupente, et dis-lui d'aller jeter les balayures sur le trottoir. »

Cadène s. f. On nomme ainsi, dans les bateaux du Rhône, le pieu où l'on enroule le câble ou la chaîne. (Lat. *catena*, chaîne.)

Cadoula s. f. Loquet. Voir *Càtolle.*

Cafuron s. m. Recoin obscur.

Cafarotta s. f. Coin, trou, cabane.

Cagni s. f. Paresse, fainéantise.

Cailledi s. f. Vase en bois où l'on fait *cailler* le lait.

Caisâ (se) v. p. Se taire, s'apaiser. (Rom. *se coiser*, se tenir coi, du lat. *quietus.*)

Calanda s. f. Vache dont le frontal et le museau sont blancs.

Cale s. f. Ancienne coiffure que portent encore quelques vieilles femmes. (C. *cal*, tête.)

Calina, Calûre s. f. Ravin, pente d'un coteau, vallon.

Caman adj. Joyeux, qui aime à s'amuser.

Cambin s. f. Aubaine, profit, occasion.

Cambroutte s. m. Maraude. Les ouvriers de Saint-Etienne, quand ils chôment d'ouvrage, s'en vont parcourir les campagnes en mendiant. Ils appellent cela « *aller à la cambroutte.* »

Camichon s. m. Fruit du tilleul, petite dragée. Au temps de Louis XIV on nommait ainsi une sorte de bonbon.

Camisard s. m. Ce mot sous lequel on désignait les calvinistes des Cévennes, à la fin du XVIIe siècle, est aujourd'hui le surnom des *Sauvagnards* ou habitants de Sauvain.

Çâ-mount, Çâ-voual adv. Là-haut, là-bas, dans l'endroit où est la personne qui parle.

Campana s. f. Cloche. Au fig., femme dégingandée, sans tenue. (Lat. *campana.*)

Campanaire s. m. Clocheteur, sonneur. Le clocheteur des trépassés existait encore dans les petites villes du Forez, au commencement de ce siècle. A la mort de quelqu'un, il parcourait les rues en criant : « *Réveillez-vous et priez pour le pauvre corps de N..., qui est trépassé.* » Il eût mieux valu, croyons-nous, prier pour son âme.

Cancaines s. f. pl. Pelures de rave séchées, que l'on mange frites dans l'huile, en carême.

Canestar s. m. Grande corbeille d'osier. (Esp. *canasta*, lat. *canistra*.)

Capiau s. m. Chef, tête, puis chapeau. (Lat. *caput.*)

Capitâ v. a. Rencontrer, trouver.

Capot s. m. Terme de jardin. Petite éminence où l'on sème les melons, concombres, etc.

Caramentran s. m. Fête du Mardi-Gras, carême-entrant. Mannequin que l'on brûle ce jour-là. Il y a deux caramentrans : le *vieux*, qui se célèbre le Mardi-Gras, et le *jeune*, celui du dimanche des *Bures*. Le mannequin ou effigie que l'on portait en procession ce jour-là, est le *manducus* des Latins. « Elle avait un masque en façon de teste d'homme avec de grosses et amples maschoires, et de grandes dents qu'elle faisait peter l'une contre l'autre, ouvrant une grande gueule, afin de faire fuir les spectateurs en riant. » Voir Plaute, *in Rudente*. Voir au mot *mâche-croûte* des détails sur le carementran de Lyon.

Carcalœure s. f. Cachette de noix ou de pommes volées, que les enfants font dans le foin. *Trouvâ la carcalœure*, loc. prov., signifie vendre la calebasse, vendre la mêche.

Carcamelà, Carcavelâ v. n. Tousser.

Carcamella s. f. Sobriquet de vieille femme, qui tousse toujours. (Esp. *carmala*.)

Carémi s. m. Nom donné dans plusieurs villages de la Loire et du Rhône à quelque sculpture grotesque de l'église que les enfants feignent de tuer à coups de pierre, le samedi saint. Le carémi de Mornant en Lyonnais était célèbre encore vers 1830. Les ouvriers qui se rencontraient faisant leur tour de France, se demandaient en signe de ralliement :

— « As-tu passé par Mornant ?

— « Oui.

— « Qu'as-tu vu ?

Si l'interrogé répondait : « *J'ai vu Carémi,* » il était reconnu pour un vrai compagnon. (Cochard, *Notice sur St-Symphorien-le-Château.*)

Carou s. m. Coin, foyer, cheminée.

Carpan s. m. Soufflet, giffle.

Carpino s. m. Agent de police.

Carreau s. m. Petit métier à dentelles.

Carrelâ v. a. Ressemeler les souliers.

Carrelœures s. f. pl. Semelles, et par extension souliers.

Carriolœures s. f. pl. Ornières tracées par les chars.

Carte s. f. Cruche.

Carte s. f. Ancienne mesure de superficie. Mesure de capacité pour le vin, qui varie suivant les pays : la carte vaut 15 litres en Auvergne, et seulement 8 litres à Boen.

Carte, Carton s. f. s. m. Mesure de capacité pour le blé, boisseau contenant 2 décalitres 1/2, 25 litres ou le *quart* de cent.

Cassi, Casse s. f. Casserolle. Grand poêlon à deux pieds et à long manche, pour faire la bouillie. *Cassi-resoliure,* poêle à frire. Il y a à Lyon la rue *Casse-Froide*, où, selon toute probabilité, la cuisine n'a jamais allumé de grands fourneaux. (Vx fr. *casse*. Esp. *cazo*.)

Cassot s. m. *Même signification.*

Catacournille s. f. Bleuet, centaurée, pl.

Cataillon, Caton s. m. Petit caillot dans la pâte.

Cathière s. f. Grand fauteuil en bois placé au coin de la cheminée et réservé au chef de la famille. (Lat. *cathedra*, chaise, chaire).

Catôche, Catarôche s. f. Grosse bûche, bûche de Noël. Dans le Midi, *catsi-fau*, casse-feu.

Catolla s. f. Loquet, petit morceau de bois qui sert à fermer une porte de buffet.

Câtolle adj. Lent, traînard.

Catsa s. m. mauvais fromage, sec, qui s'émiette.

Catsâ v. a. Presser, blesser. Voir *Cachá*.

Causse s. m. Espèce de mouton de la Haute-Loire.

Causse s. m. pl. Haies, clôtures. (G. *cau*, m. sign., d'où vient *quai*.)

Cavard s. m. Lieu, endroit. « *En cavard qu'au seye cura, — Par son parouchin au m'aura.* » M. A. En quelque endroit qu'il soit curé, il m'aura pour son paroissien. *Counùtre le cavard*, connaître le bon coin.

Caye s. f. Truie. — Pièce d'un pressoir que l'on place sur les *cayons*. — Sorte de jeu très-usité, et que des bas-reliefs antiques nous prouvent avoir été connu par les Romains. Ce jeu, simulacre d'attaque et de défense, se fait avec l'instrument de la sape appelé *truie*, d'après Vegèce, etc.

Cayon s. m. Porc, cochon. (C. *cai*.)

Cayons s. m. pl. Blocs de bois que l'on met sur la table du pressoir.

Cazaou s. m. Masure, maisonnette. Voir *Chazaux.*

Cebrelâ v. a. Secouer, ébranler.

Cegny s. m. Serin vert, qui niche dans les oseraies du Rhône.

Cent adj. Fort. « *Au m'a baillot un cop si cent,* » il m'a donné un coup si fort.

Cetu, Cetui pro. dém. Ce, celui-ci.

Châ (à). Loc. distributive. *à châ un,* un à un ; *à châ-pot,* peu-à-peu ; *à châ-vei,* quelquefois, peut-être.

Chabitre s. m. Licou. (**C.** *kabistre,* esp. *cabestro.*)

Chabord s. m. Gros rhume de poitrine.

Chalay s. m. Rafraîchissement.

Chalendes s. f. pl. La fête de Noël, l'époque de Noël. C'était aux chalendes que l'on nommait les consuls à Lyon.

Challa s. f. Espace déblayé de neige, où l'on met des lacets pour prendre les oiseaux. Sentier tracé dans la neige.

Challaye s. f. Fougère, pl.

Chalondau s. m. Bûche de Noël, de *chalendes.*

Chamaras ou **Airillon** s. m. Plante qui a l'odeur de l'*ail.*

Chamarat s. m. Ornement. « *Lou chamarat de mes amours.* » M. A.

Chambaille s. f. Jarretière. De *chambe,* ou jambe.

Chamberoux s. m. pl. Petites poutres placées en travers de la cheminée et auxquelles on suspend les jambons pour les fumer, et les *ételles* pour les faire sécher.

Chambetta s. f. Croc-en-jambe.

Chambon s. m. Terrain d'alluvion sur les bords de la Loire, limoneux et très-fertile.

Chamboussi s. f. Partie de la charrue. Voir *Aróre.*

Chambrille (à) loc. adv. Sur le dos.

Chambûcle s. m. Charbon, maladie des grains.

Chaminaux s. m. pl. Chenets. On les nomme aussi dans la montagne *chiôres dau fué*, littér., chèvres du feu.

Chamoutta s. f. Petite éminence, grosse motte dans les prairies.

Champage s. m. Voir *Chambon*.

Champan s. m. Porc âgé de 2 ou 3 mois.

Champerâ v. n. Lancer des pierres.

Chamusî v. n. Moisir.

Chanâ v. a. Boire à gogo, jusqu'aux *chanes* ou fleurs du vin.

Chana s. f. Chenal, gouttière. — Table à rebors et goutière pour pétrir les *fourmes*.

Chanaux s. m. pl. Grands chenets.

Chancay, Chança s. m. Cercueil, bière. (De *chaisse*).

Chandelon s. m. Petit cierge. Lorsqu'un enfant est malade, on fait les *chandelons*. Voici en quoi consiste cette cérémonie : on colle trois petits cierges au mur de la cheminée. L'un est en l'honneur de la Vierge, l'autre de saint Fortunat ou tout autre saint patron des enfants ; le troisième est pour..... la mort ! Le cierge qui finit de brûler le premier indique s'il *faut* mener l'enfant en pélerinage, ou si tout remède est inutile.

Chandillon s. f. Tige de chanvre tillée.

Chane s. f. Fleurs du vin, que l'on nomme famillièrement à Lyon des *gendarmes*.

Chanforgne s. f. Cornemuse, musette.

Chani adj. *Odeur de chani*, odeur de renfermé ; *temps chani*, temps froid ; *poumes chanies*, pommes aigres. Un quartier de Lyon et plusieurs villages du Forez portent le nom de *Bourgchanin*.

Chanînat s. m. Sorte de terrain argileux, pierreux et inculte.

Chanon s. m. Etui. Du roman *chas*, aiguille. On dit encore ce mot pour désigner le trou d'une aiguille.

Chantœu, Chantal s. m. Chanteau, quartier de pain. On disait autrefois le premier chanteau, le second chanteau de la lune. (*Gr. kantos*, le coin, l'angle.)

Chantre s. m. Fifre.

Chapi s. m. Auvent, hangar.

Chapitella s. f. Etable, cabane, hangar.

Chaplâ v. a. Ecraser, blesser.

Chaplâ v. a. Couper le pain pour la soupe. (Bas. lat. *capulare*. On trouve dans Rab. « miettes et *chaplis* de pain. »

Chaplô s. m. Piqueur de meule.

Charamante s. f. Mot collectif désignant les outils, les ferrures qui servent pour l'agriculture.

Chardâ v. a. Hargner, exciter. Faire *chardâ* les chiens.

Chare s. f. L'endroit le plus profond d'un étang; — où l'avoine réussit très bien dans l'*assec*.

Charguet s. m. Fête, réjouissance publique. Voir dans Chapelon la description des charguets.

Charnat, Carnuat s. m. Carnaval.

Charret, Chiori s. m. Drap pour la lessive.

Charreire s. f. Rue, chemin. (Esp. *Carrera*.)

Chartuerie s. f. Sorte de char rustique.

Châtrelet, Châtelet s. m. Jeu qui consiste à viser et à renverser un *châtelet* ou petit tas de noyaux, de châtaignes, etc.

Chatrillon, Chatri s. m. Chardonneret, oiseaux. *Chatrillet-batard*, linot.

Chatta-mitta s. f. Colin-maillard, jeu.

Chaucha v. a. Presser, fouler. (Lat. *calcare*.)

Chaucha-vieilli s. f. Cauchemar, lutin qui est censé le produire.

Chaumasse s. f. Marais, prairie humide.

Chausse, Chasse s. m. Chêne.

Chaussère s. m. Entremetteur, celui qui fait faire un mariage. Au Moyen-Age, on nommait *deschaussailles* le cadeau que la mariée faisait à ses garçons d'honneur.

Chaussida s. f. *Sarretula arvensis*, plante.

Chaussiri, Charchiri s. f. Tannerie. Ce mot est très-anciennement usité, et vient de *chausse*. Chêne, qui fournit le *tan*. On disait encore *chochière* au xviie siècle.

Chavâ v. a. Creuser ; au fig. trouver, déterrer. « *Onte as-tu chavot iquo mot ?* » où as-tu été chercher ce mot-là ? (Esp. *cavar*, du lat. *cavare*.)

Chavagni, Chavant s. m. Chouette, duc, oiseau de proie qui enlève les poules. Au fig. vieille femme laide et méchante.

Chautagne s. f. Nom donné au roitelet à cause de sa ressemblance comme grosseur et couleur avec une *châtaigne*.

Chavasse, Chavisse s. f. Feuilles, fanes des légumes, raves, carottes, etc.

Chava-tourta s. f. Cauchemar.

> La chava-torta que de nœu
> Chauche les gens tant qu'elli pœut.
> Le cauchemar qui, la nuit,
> Oppresse les gens tant qu'il peut.

Chavatrou s. m. Charançon, insecte qui creuse, qui *chave* le bois, le grain, etc.

Chavelœure s. f. Ruban de fil pour attacher. A Lyon, *chevillière*.

Chavelun s. m. Coiffure.

Chavon, Chapon s. m. Sarment replanté.

Chazaere, Chazerassi s. f. Panier où l'on met sécher les fromages. (Esp. *quesera*, fromagerie ; ang. *cheese* ; du lat. *caseus*, fromage.)

> *Secouyons, sus iquettes blottes,*
> *La chazerassi de les crottes.* — **M. A.**

Chazaux, Chezaux s. m. pl. Ruines, masures. Du lat. *casa*, maisonnette ; d'où viennent les noms très-nombreux : *Chazaux, Chazal, Chazelle, Chaise, la Chaise-Dieu, Caze, Cazalis*, etc.

Cheire v. n. Tomber.

Chelut, Chalot, Chaleil s. m. Lampe.

Chemisolle s. f. Robe de dessous, en molleton gris-bleu.

Cher, Chier, Sier, s. m. Rocher. Vieux mot roman, d'où les noms : *du Chier, Duchez*, etc. (Esp. *sierra*, Ar. *sier*).

Chichon s. m. Minois chiffonné ; petit enfant. (Esp. *chico*.)

Chinève s. m. Chanvre. Lorsque le chanvre est coupé, on le met *naisa*, rouir. On le place en *matte* sur le bord de l'eau et on le fait sécher à l'*epandao*. On le réunit en fagots ou *boessies* pour le faire *bluya*, tiller. La filasse est réunie en *coumba* ou ballot, pour être écrasée sous la meule. On en fait ensuite des tresses ou *battaos*. Dix ou quinze *battaos* forment une *messie*. Lorsque le chanvre est peigné, on le sépare en *œuvre* ou *plan*, qui se file pour le linge, et en *pignœures*, bourres ou étoupes.

Chïn-taes, Che-tet s. m. Blaireau. (*Chien-teysson* ou *teysson*, en vx fr.)

Chintres, Chaintres s. m. pl. Sillons tracés en tête d'une terre labourée.

Chiôraton, Chûraton s. m. Fromage de chèvre.

Chiôra, Chûra, Chuère s. f. Chèvre ; *chiora-martina*, bécassine ; *chiora-moutta*, chèvre sans cornes. On dit *cabre* dans le voisinage de l'Auvergne.

Chiôrella s. f. Litt. petite chèvre, pomme de pin.

Chioretta, Chabre s. f. Cornemuse faite d'une peau de chèvre. Instrument rustique en usage dès l'antiquité, composé d'une outre, d'un bourdon et de deux chalumeaux. (*Traité de la Musette,* par Bourgoin, Lyon, in-folio, 1672.)

Chiôrot, Chûrot s. m. Chevreau. On nomme les chevreaux *lous meynas de Pâques*, à cause de la ressemblance de leur bêlement avec le vagissement des enfants, et parce que les chèvres mettent bas aux environs de Pâques.

Chiquet s. m. Petit verre de liqueur. (Esp. *chisguete*, petit coup de vin.)

Chirat, Chiratei, Chirei s. m. Tas de pierres. On appelle *chirats* les amoncellements de pierres que l'on voit sur les pentes du Mont-Pilat et qui proviennent de l'éboulement des pics supérieurs renversés par quelque commotion inconnue. Le pic des Trois-Dents, déchaussé par les neiges, crevassé et presque émietté sous l'action de l'atmosphère, est destiné à former des chirats dans un temps plus ou moins éloigné. Le proverbe *les pirres s'en vant toujours au chiré* correspond au proverbe français : l'eau va toujours à la rivière.

Chironâ v. a. Bois *chironé*, bois vermoulu.

Chivae, Chivada s. f. Avoine. (Esp. *civada*.)

Choplâ, Choplâ v. a. Ecraser. Au fig. mépriser. *Chopià lous arteis*, marcher sur le pied.

Choquet s. m. Hoquet.

Chorire s. f. Poutre. Dans la charpente des toits qui forme un triangle, la *chorire* est la grosse poutre qui est la base du triangle, les *tinaillons* sont les deux autres côtés. On appelle *puncillon* la petite pièce de bois qui partage le triangle en deux parties égales.

Choudane, Choudinasse s. f. Bouillon blanc, molène, pl.

Chougnâ v. a. Manger, fam.

Chu. Ici. *Là-chu,* là-haut; *de-chu,* là-bas; « *vins n'avant chu,* » viens ici.

Chuette s. f. Fruit épineux d'une espèce de chardon, vulgairement nommé *chien.*

Churiôle s. f. Bécassine, oiseau. De *chùre,* chèvre; son cri ressemble au bêlement de la chèvre.

Cine, Cinelle s. f. Fruits de l'aubépine. Lorsque la sécheresse empêche les grains du raisin de grossir, on dit qu'il *vire en cinelle.*

Cira s. f. Fromage blanc.

Civadâ (se). v. p. Se promener lentement, flâner, comme si l'on était en *civière,* en voiture.

Civada (se) v. p. Se nourrir, manger. (Lat. *cibus,* nourriture).

Civada s. f. Repas, dîner.

Civelot s. m. Haie, clôture.

Civetta s. f. Chouette.

Cizampa s. f. Bise, vent du nord. — Adj. Terme de mépris; femme dont les vêtements sont en désordre.

Claquettes s. f. pl. Côtes de bœuf dégarnies, avec lesquelles s'amusent les enfants. Castagnettes.

Claveleiri s. f. Vrille, foret.

Clavio s. m. Hameçon.

Clavi s. m. Plaque d'or que les femmes portaient jadis au cou.

Clavetâ v. a. Clouer, attacher. « *Orcs que te vequia claveta sù l'arore.* »

Clianson s. m. Pinson, oiseau.

Cliapa, Clapa adj. Tiède.

Cliot s. f. Demi-porte à hauteur d'appui, pour fermer les étables, les maisons.

Clœu, Glun s. m. Fagot de paille. (C. *gluen*). Nous trouvons le mot *glui*, employé dans le même sens dans les comptes d'Anne Dauphine, comtesse de Forez.

Clumâcle s. m. Crémaillère.

Clurœre s. f. Cendrier, endroit où l'on met les cendres. Voir *Ecliôre* et *Flourey*.

Clussi, Cloussi s. f. Poule-mère, ou plutôt qui veut couver.

> *I clossi, i va grouà.*
> *Il ant appel clussi*
> *Ma poura sieu Fluria.*

En esp. *gallina clueca*, en patois *jalena clussi*.

Cœu s. m. Cuir. *Cœu adouba*, cuir tanné ; *cœu peloux*, cuir velu, brut.

Cœupte s. f. Penchant d'une montagne.

Coliou s. m. Morceaux de cuir adaptés aux deux parties du fléau, *écoussou*, et réunis par la *meiana*.

Colombine s. f. Fumier de pigeon.

Côme s. f. Chevelure, crinière. (Lat. *coma*.)

Coche s. f. Morceau de fer au bout du fuseau, peson.

Commensura s. f. Gros bouton double en cuivre, qui sert à retenir la partie antérieure des *brayes*.

Comprâ v. a. Acheter. (Esp. *comprar*, du lat. *comparare*.)

Concor, Cancorn s. m. Hanneton. (Vx fr. cancoile.)

Concorne, Cancorne adj. Radoteur, qui bourdonne comme le hanneton.

Concornâ v. n. Radoter.

Condet (à). A la cachette, jeu. (Lat. *abscondere*, cacher.)

Copet, Coblet adj. *Jouâ à pid-coblet*, jouer à cloche-pied (à pied-*coupé*).

Coquelle s. f. Casserolle en fonte. (Lat. *coquere*, cuivre.)

Coqueti s. m. Coquetier, nom donné aux maraîchers qui emportent les fruits et les légumes à Lyon et à St-Etienne.

Cora s. f. *Ver de cora*, aigreur d'estomac lorsqu'on a trop bu d'eau.

Corbusine s. f. Salutation.

Corda s. f. Bande.

Cordeis s. m. pl. Double étrier en fer adapté au joug, dans lequel passe la queue de la *chartueiri*.

Corla s. f. Gourde.

Corniflâ v. a. Avaler, dérober.

Corillière s. f. Ficelle ou lanière de cuir, qui sert, de l'extérieur d'une porte, à soulever le loquet placé en dedans. C'est la chevillette des contes de fées : *Tirez la chevillette et la bobinette chéra.* Au xvᵉ siècle, *le courrail* était un petit verrou.

Corniôle s. f. Trachée-artère. On dit la *corniôle* d'un choux, pour la tige.

Corseille, Croissaille s. f. Petits poissons blancs pour empoissonner un étang, une rivière.

Cos s. f. Pierre à aiguiser. (Lat. *cos.*)

Cotelle s. f. Iris des étangs, pl.

Coua s. m. Coup, fois. « *Sopro gnus coué timbros,* » R. à neuf heures sonnant. *Cinquanta coua,* cinquante fois.

Couage s. m. Fête qui se célèbre dans la montagne, après la naissance des agneaux.

Couanâ v. n. Jacasser, cancaner. « *Ei couanont couma des oyes que vant au blâ,* » elles jacassent comme des oies qui vont au blé.

Couard s. m. Viande de l'arrière train du bœuf.

Couasson s. m. Culot, dernier né d'une famille, d'une couvée. Queue d'un char.

Coubrâ v. a. Enrouler. *Coubrâ la moille,* enrouler le câble.

Couchon s. m. Le but d'un jeu de boules.

Coucu s. m. Primevère.

Coucourla s. f. Courge, citrouille.

Coué, Couvet s. m. Petit étui en bois dans lequel on met la *cos.*

Couciti s. f. Fournée de pain cuite.

Couciti (se), **Couctâ** (se) v. p. Se presser, se hâter. *A la coueti,* à la presse. (C. *escoui*). En rom. *coiteus,* empressé, désireux.

> « ...qui coiteus de soi replegier,
> « Va tantost Belesme assieger. »
>
> (Guillaume Guiart, 172).

Couéri adj. *La couéri saisoun,* l'arrière saison.

> « N'attends pas la couéri saisoun
> « Que n'a ni forci ni raisoun. » **M. A.**

Couevetta s. f. Plumeau, balayette. — Brochette en bois pour le jeu de *piquaronio.*

Couevetâ v. a. Brosser.

Couevi v. a. Balayer.

Couevou, Couivre s. m. Balai. Voir *Ecoubat*. (G. *scuba*; B. *skuba*; esp. *escoba*; lat. *scopa*.)

Couflâ v. a. Gonfler. « *Lou triôle coufle les vaches,* » le trèfle fait gonfler les vaches.

Couffin s. m. Foyer.

Couhard s. m. Communal, paquage inculte, plein de rochers.

Coulâ v. n. Glisser.

Coulade s. f. Salut. « *Un chin qu'accoumençave à faire la coulade,* » un chien qui commençait à faire la révérence. Ch.

Couleigne s. f. Quenouille, sorte de canne ou roseau.

Coulœre s. f. Sac en laine ou en toile pour passer le lait, pour filtrer.

Coumba s. f. Ballot de chanvre.

Countarjâ v. n. Bavarder, causer.

Counviâ v. a. Accompagner, reconduire. (Lat. *cum*.)

Coupet s. m. Occiput, la nuque. « *Le coupet me daou,* » la nuque me fait mal.

Couquâ v. a. Embrasser.

Couquées s. f. pl. Espèce de beignet-gâteau.

Couquillard s. m. Mendiant, pélerin qui porte les *coquilles*.

Coura s. f. Mou, poumon.

Coura s. f. Assemblée, cour. On fait la *coura* dans les veillées, on s'assemble pour casser les noix, tiller le chanvre.

Coural, Cora s. m. Chêne, arbre. De là vient le nom de St-Bonnet-de-*Coureaux*, près duquel est le village de *Roure*, nom qui a la même signification en latin. Le château de *la Corée* a la même étymologie. (C. *cora*.)

Couramiau s. m. Surnom des habitants de St-Chamond, parce qu'au lieu de suivre les préceptes de la cuisinière bourgeoise : « Pour faire un civet, prenez un lièvre, » ils préfèrent prendre un chat, ils *courrent* aux *miao*.

Courbat, Courvat s. m. Homme marié sans enfants. (Peut-être de *corrival*, homme qui a un rival. Nous lisons dans Rab. : « Ne me sera corrival ce beau Jupin, » Jupiter ne me rendra pas *corn…*

Courille s. f. *Convolvulus*, plante trainante.

Courjon s. m. Baguette, branche d'arbre.

Coussire v. n. Gémir, geindre.

Coutelle s. f. Taupe-grillon, courtilière.

Couti, Cotsi v. a. Manger.

Coutreire s. f. Charrue.

Couvent, Coveint s. f. Piquette, boisson faite avec des *airelles*, des *pelousses*. (*Couver*, fermenter.)

Crâ (à la). A l'abandon.

Craches s. f. pl. Etincelles de fer dans les forges.

Crachi s. m. Char rustique à deux roues.

Cramâ, Cremi v. n. Brûler sans flamme, roussir. A Lyon : *cramer*. (Gr. *kramb*.)

Craquelet, Craquelin s. m. Sorte d'échaudé en pâte sèche très-feuilletée.

Crase s. f. Ravin.

Creci v. n. Grincer ; faire *creci* la porte, se faire *creci* les dents. « *Cortaud que fat creci lo mango de sa puva.* » Roq. Cortaud qui fait craquer le manche de son pic.

Cremasson s. m. Fromage.

Cremillo-la adj. Flambé, roussi.

Cremocle s. m. Noir, homme noir, le diable. *Vardegi lo cremoclo*, Rive-de-Gier l'enfumé.

Crenci s. f. Crédit.

Creipi s. f. Râtelier. Au fig. menton. *Levà la creipi*, lever la tête, être fier.

Creiti s. f. Coiffe.

Cressant s. m. Faucille de moissonneur en forme de *croissant*.

Cret s. m. Berceau.

Cret, Creu s. m. Montagne.

Creu s. m. Noyau, coquille. « *Un plan sachon de creus,* un petit sac plein de noyaux. « *Un rapai d'ortoulan fat d'un creu de cereisi,* » un appeau d'ortolan fait d'un noyau de cerise. Ch.

Creusio, Crisio s. m. Lampe de veillée, souvent citée dans les anciennes chroniques et nommée, dit-on, *croisieu,* à cause de sa forme en *croix.* Mais notre *creusio* n'a jamais eu la forme d'une croix, et ressemble assez exacte- ment à la lampe romaine (de *creuset?*).

Crimoy s. m. Crémaillère.

Croqua s. f. Coup, bosse, plaie.

Crot s. m. Courlis, oiseau dont le cri annonce la pluie.

Croupay s. m. Colline, coteau.

Croussâ v. a. Bercer, balancer.

Croussâ (se) v. p. Se dandiner en marchant.

Cuchâ v. a. Mettre en tas.

Cuchâ (se) v. p. Se percher.

Cuchau s. m. Perchoir.

> *Lous hommes criant au cuchau,*
> *Les poules fialayent.*
> Les hommes étaient au perchoir,
> Les poules filaient.
>
> (Chanson du monde renversé).

Cuchon s. m. Tas, meule de foin, de gerbes. Le but d'un jeu de boules.

Cuchounâ v. a. Entasser.

Cuerta s. f. Couverture.

Cuerzelâ v. a. Couvrir, fermer avec un couvercle.

Culard s. m. Lutin, follet. Il a la forme et la grosseur d'un boisseau et porte une lanterne sur le dos. Pendant la nuit, il s'en va sautillant le long des chemins et entraîne les passants dans les fossés, puis les abandonne en ricanant. Voir *Lequin*.

Cundire v. a. Assaisonner. (Lat. *cundire*.)

Cunler, Kunler s. m. Râpe à tabac, petit moulin portatif.

Cunzôre, Congère s. f. Amas de neige entassée par le vent. (Lat. *congeries*.)

Cunzûre s. f. Beurre, assaisonnement. (Esp. *cundido*, huile.)

Curafué s. m. Piquefeu, tisonnier.

Curailles s. f. pl. Semailles.

Curette s. f. Morceau de fer au bout du *razai* ou aiguillon, avec lequel on *cure*, on enlève la terre du soc.

Curi v. a. Semer.

Curset, Cuvarsel s. m. Couvercle, ancienne forme romane de ce mot.

Cuzaères s. f. pl. Ciseaux.

Cytène s. f. Mauvaise herbe qui pousse dans les terres labourées.

D

Dagnâ v. a. Tiller le chanvre.

Dailla s. f. Faux, le fer de la faux ; au XVIᵉ siècle, *un dail*. (C. *dailli*, esp. *dalle*.)

Daillâ v. a. Faucher.

Daôre v. n. Faire souffrir. Voir *Dôte*.

Daôre (se) v. p. Se vouer, se donner. Quand un enfant est triste et maladif, on dit qu'il *se daô*, c'est-à-dire qu'il veut être conduit en pélerinage à quelque chapelle votive.

Dara s. m. Mouvement, agitation. « *A que m'a-t-ou sarvi de menâ tant de darâ?* » A quoi m'a-t-il servi de me donner tant de mouvement ?

Darbon, Drabon s. m. Taupe. Suivant une tradition forézienne, les fées s'étant révoltées contre Dieu, furent changées en *darbons* et condamnées à ne jamais voir le jour. Les pattes de la taupe ressemblent à de petites mains : « Ce qui prouve bien la vérité de cette métamorphose. »

Dardenna s. f. Pièce de deux liards.

Dardennâ v. n. Marcher lentement, flâner.

Dardollâ v. n. *Même signification.*

Darnea s. m. Pie-grièche, oiseau. Il y a le *darnea rouge*, le *darnea-pendard*, etc. Ce dernier, au dire des paysans, est chargé d'exercer la justice parmi les petits animaux. On trouve souvent fixés aux épines des buissons, des insectes, des lézards gris exécutés par lui en punition de leurs méfaits. De là vient son nom de *pendard*. La pie-grièche grimpereau suspend en effet sa proie aux buissons. La blessure faite avec ces épines est très-dangereuse.

Darreiriot s. f. Arrière saison.

Daru adj. Triste, ennuyé.

Daudon, Daudou s. f. Claude, Claudine, nom pr. diminutif.

Daugnâ v. a. Oppresser, fatiguer.

Davaigne s. f. Prune. Voir *Dravouenne*.

Débanageou s. m. Trouble, discorde.

Débarmé s. m. Vallon, ravin.

Débaumâ v. a. Décharger d'un impôt, transporter les droits de mutation. Voir *Abaumâ*.

Débifot adj. Ivrogne, vaurien, qui ne sait rien faire.

Déblavâ v. a. Moissonner. Vx *emblaver*, semer. On dit encore *emblavure* pour une terre ensemencée. (Lat. *bladum*.)

Déboenâ v. a. Enlever les bornes d'un champ. Voir *Boena*.

Débourmâ (se) v. p. Se redresser, s'étirer. Voir s'*Abourmâ*.

Débrayâ (se) v. p. litt. Quitter ses *brayes*. Au fig. se dédire d'un marché.

Débrigua adj. Frippé, usé.

Débullî v. n. S'affaisser, tomber, en parlant du pain qui est trop levé.

Décacolâ v. a. Eplucher, enlever la *cacola*, la coquille.

Décalâ v. n. Dégringoler. (Gr. *chalaô*, descendre.)

Décay adv. Là-bas, en deçà. « *Quand viendrot décay,* » dans quelque temps.

Décharnî v. a. Contrefaire quelqu'un, s'en moquer, en dire du mal.

Découmblâ v. a. Déterrer les pieds des ceps. (*Deuxième façon de la vigne.*)

Décourâ v. n. Tomber en faiblesse, d'inanition. (*De* part. privative, et *cœur*.)

Découtî, Déglossî v. a. Démêler les cheveux.

Découtiau, Découssou s. m. Démêloir, peigne.

Décuchî v. a. Renverser, jeter à terre. (*De* part. privative, et *cuchá*, élever.)

Defferâ v. n. S'en aller, partir. « *La fairi est finia, le mondou defferont,* » la foire est finie, le monde part.

Dégatâ v. a. Ecosser, enlever les cosses, les *gates*.

Dégouemâ v. n. Prendre mal au cœur, être dégoûté.

Dégougnî (se) v. p. Se disloquer.

Deingün pro. indéf. Personne. Voir *Leingün.* « *N'y o deingün dins la mouéson?* » Y a-t-il quelqu'un dans la maison ?

Déjadi adj. Vieux, ruiné. (Du temps *jadis*.)

Déjamanî (se) v. p. Se disloquer.

Délia s. f. Temps fixe de labourage, deux ou quatre heures de travail. (*Délier* les bœufs.)

Délouyî v. a. Disloquer.

Démise s. f. Défroque, hardes.

Démodî v. a. Jeter à bas, renverser.

Dempeu, Dendépeu pr. adv. Depuis.

Denci s. f. Sensation produite sur les dents par les acides.

> *Los ugnons de Prouvenci*
> *Ne bettount pas la denci.*
> Les ognons de Provence
> N'agacent pas les dents.

Denna s. f. Madame, dame.

Déniâ (se) v. p. Se dit d'une poule qui abandonne le nid où elle fait habituellement ses œufs.

Dépatoillâ v. p. Se dégager, se déboucler en parlant des premières feuilles des plantes.

Dépeilli adj. Déguenillé. Voir *Peilli*.

Dépelotâ v. a. Ecorcer, enlever le *pelot*.

Dépondre v. a. Dégueniller, déchirer.

Dépondu part. Déguenillé.

Déproufitâ v. a. Ruiner, gâter. (*De priv. profit*.)

Dequet s. m. *De bon dequet*, de bonne grâce, comme il convient. (Lat. *decet*, il convient.)

Musa, vou est aujord'hœu qu'on faut de bon dequet
Jacquetâ noutron saô couma de parrouquet.

Muse, c'est aujourd'hui qu'il faut de bonne grâce
Jacasser notre aise comme des perroquets. **Ch.**

Dératelot adj. Ecervelé.

Dérna s. f. Rouelle de veau. *Dérna enfoueria*, rouelle aux épinards, fricandeau.

Dérompre v. a. Défricher une prairie.

Désaimâ v. a. Faire perdre courage. (*Des part. priva-tive, et âme.*)

Désandagnâ v. n. Eparpiller les *andains* de foin.

Désert adj. Eveillé, intelligent, en parlant d'un enfant.

Désondrâ v. a. Déparer. Voir *Ondrâ*.

Dessiâ v. a. Rassasier, désaltérer.

Dessia (se) v. p. Se désaltérer, se rassasier.

Dête, Dêton s. f. s. m. Cruche, cruchon.

Pu l'heroux magistrat s'emparant d'una detsi
Lorgi comme in togneau, plena d'éga benetsi,
La lance à tour de bras sû los autros démons.

Puis l'heureux magistrat s'emparant d'une cruche
Large comme un tonneau, pleine d'eau bénite,
La lance à tour de bras sur les autres démons.

Roq. (Pereyoux).

Detriâ v. a. Arracher à..., distraire de... Sevrer un enfant.

Devallâ v. n. Descendre, aller en *aval*.

Devanti, Devantau s. m. Tablier. « *Un devantau de fayenci,* » tablier blanc à grandes fleurs, comme les anciennes faïences.

Déviâ (se) v. p. S'en aller, se retirer. (Lat. *de* hors, *via* chemin.)

Dévis s. m. Conversation, entretien. Vx fr.

Devitou s. m. Dette. (Lat. *debitum.*)

Diâ, Diê excl. Certainement, sans doute. *Prise interr.,* vrai? tout de bon? *Dié que donc!* indubitablement, assurément. Ce mot rappelle le juron des Grecs *Dia,* par Jupiter! *Ma Dia,* oui par Jupiter! *Né Dia,* non par Jupiter! — Au xve siècle, on disait de même dans beaucoup d'anciennes provinces : *Oui Dea! Nenni Dea!*

Dilün s. m. Lundi. Les paysans ont conservé aux noms de la semaine l'ordre des mots latins : *Dilün,* dies lunæ; *dimars,* dies martis; *dimécre,* dies mercuris; *dijò,* dies jovis; *divendre,* dies veneris; *disande,* dies sabbati. — *La diomenchi, la dimége,* etc. — On dit aussi, d'une façon absolue : *lun, mars, mécre,* etc., surtout lorsque le nom est précédé de l'article, *le mécre, le jò, le vendre, le sande,* au lieu de *le dimécre, le dijò,* etc. — Cette dernière forme est celtique. Les Celtes disaient : *l'hun,* lundi, bien avant que la langue latine fût parlée.

Dôdre adj. Tendre, meurtri. Voir *Daodre.*

Dornia adj. Entêté, tètu.

Dorse, Dausse s. f. Cosse des légumes, fèves, haricots, etc. (D. C. *dauxe.*)

Dôte s. f. Douleur, meurtrissure. « *Souai tot farci de dôtes,* » je suis tout farci de douleurs.

Doubli, Deurbli s. m. Char *double*, à quatre roues.

Doublon s. m. Taureau âgé de *deux* ans.

Douille s. f. Goulot d'un arrosoir.

Douille s. f. Doloire, sorte de hache pour couper le marc du raisin.

Drabouni s. m. Taupinière.

Drageâ v. n. Fendre l'eau, en parlant d'un bateau.

Draive s. m. Van.

Dravouenne, Dravouenni s. f. s. m. Prune, prunier.

Dravaigue, Dravagnat s. f. s. m. *Même signif.*

Drayâ v. n. Patauger dans la boue.

Draye s. f. Chemin boueux, glissant.

Drelu s. m. Diminutif d'André, nom propre.

Drigaudâ, Drignâ v. n. Sauter, gambader.

Drindoulâ v. a. Secouer, ébranler.

Drouache s. f. Marc du raisin après la pressée. Il se nomme *géne* auparavant.

Drugi s. f. Surabondance, profusion de bien ; fumier, engrais. *Se plaindre de drugi*, de trop de bien-être.

Drugî v. n. Etre joyeux, sauter, jouer, en parlant des enfants, des chats, des chevreaux, etc. « *Lous chats drugeont, n'aurans de ploye*, » les chats jouent, nous aurons la pluie. (C. *drugeal*.)

Dua, Diot s. m. Fouet.

Duassâ v. a. Fustiger, fouetter.

Dullin adj. Délicat.

Dussiao s. m. Morceau de laine pour emmailloter les enfants.

E

Ebaubî, Ebaudî v. a. Réveiller, secouer du sommeil. D'où le salut ordinaire des paysans : « *Seyez-vous ebaudits tretous vez chi vos ?* » êtes-vous tous bien éveillés chez vous? au lieu de dire : comment vous portez-vous ? (On trouve dans Rabelais : « *esbaudit les esperits animaux,* » réveille les esprits.)

Ebarliaudes s. f. Eblouissement, étincelle. On nomme ainsi les petits globules irisés qui dansent devant les yeux, lorsqu'on a trop regardé le soleil en face.

> « *Dessus chaqua chauda,*
> « *Couma l'ebarliauda,*
> « *Au veut l'aveni*
> « *Luyant de plaisi.* » (Chansons de Babochi.)

Ebejâ v. n. Faillir, tomber en défaillance. « *Moun cœu ebejo,* » j'ai mal au cœur.

Ebiat-assi adj. Imbécile, idiot. Voir *Jabiat*.

Ebicliâ v. a. Déchirer, mettre en haillons.

Eborliâ v. a. Eborgner, crever un œil.

Eborlio s. m. Aveuglement. « *Traire de poudra d'éborlio,* » jeter de la poudre aux yeux.

Ebouillâ, Eboillî v. a. Ecraser, éventrer. (D. C. bas lat. *exboellare.*)

Ebraisâ, Ebreisâ v. a. Emietter, mettre en miettes.

Echandilla s. f. Coup de soleil.

Echandillon s. m. Tige de chanvre teillée, chenevotte.

Echandre, Echandî v. a. Réchauffer, échauffer. (Lat. *incandescere*, brûler.)

Echarâ v. a. Blanchir, parer. « *J'ai, Diu marci ! echarat ma concienci.* » Ch. J'ai, Dieu merci ! purgé ma conscience.

Echaravet s. m. Bousier, coléoptère qui bourdonne à l'approche de la nuit. On dit proverbialement d'une personne qui se met à l'ouvrage très-tard : « *Aul eit couma lous echaravets, au s'emode à la nœu.* » Il existe plusieurs ruisseaux et torrents qui portent ce nom en Forez et en Lyonnais, un notamment à Vaise-Lyon, dont il est fait mention dans des actes des xie et xiie siècles. Ce mot, dont nous ignorons la racine, pourrait bien signifier *boueux, vaseux.* Dans ce cas, le nom de Vaise, et celui de son ruisseau auraient le même sens. (D'*echaravet* vient *scarabée*.)

Echarguî, Echargnâ v. a. Blâmer, railler, contrefaire quelqu'un.

Echichî v. a. Ecraser. (Esp. *Acuchar.*)

Echüngle s. f. Sonnette, clochette, d'où le verbe *echinglà*, sonner.

Echiron s. m. Epine de bois qui entre dans la chair.

Echoton s. m. Peloton de fil, de laine, etc.

Eclierce s. f. Partie supérieure du moule à fromage, dans les montagnes de Pierre-sur-Haute.

Ecliôre, Ecliot s. m. Cendre. L'endroit où se mettent les cendres se nomme *churœure.* Voir aussi *Flourei, Fluraere.*

Eclot, Esclop s. m. Sabot. On disait naguères, en termes de vénerie, les éclots d'un sanglier. (Bas. lat. *esclava.*)

Eclouti s. m. Sabotier. (Auv. *esclopie.*)

Eclouton s. m. Petit sabot ; tabatière.

Ecluâ v. a. Enlever l'herbe mélangée à la paille, éplucher le *glün.*

Econdre v. a. Cacher ; s'*econdre,* se cacher. (Lat. *abscondere,* auv. *scondre.*)

Ecorgniôlâ v. a. Etrangler.

Ecorpelâ (s'), **Ecoupetâ** (s') v. p. Se tourmenter, se donner de la peine.

Ecouâ v. a. Secouer, écosser les légumes.

Eccouassandre v. a. Déchirer, tirer d'ci, de là, mettre en lambeaux. Habit *eccouassandu*.

Ecouatâ (s') v. p. Se battre, en parlant des chiens.

Ecoubat s. m. Balai, torchon fixé au bout d'un long manche pour nettoyer un four. On dit d'une femme mal vêtue qu'elle ressemble à un *écoubat* de four, de même qu'en français on dit : habillé comme un manche à balai. (Esp. *escoba*, espèce de genêt, et par extension *balai*.)

Ecouérâ (s') v. p. Avoir la peau des cuisses gercée par le froid, etc.

Ecourre v. a. Battre le blé, frapper quelqu'un.

Ecoussolar s. m. Batteur de blé.

Ecoussou s. m. Fléau à battre le blé. L'*ecoussou* se compose d'un manche ou *essiot*, du fléau proprement dit, ou *la varjat*; de deux morceaux de *coliou* ou cuir troué, adaptés à l'*essiot* et à *la varjat*, et réunis par la *meiana*, ou corde en peau d'anguille.

Ecramayî v. a. Ecraser.

Ecrapelâ (s') v. p. Au pr. s'écarteler, au fig. se tourmenter.

Ecuchî v. a. Ecraser. Voir *Echichi*.

Efferan, Efferain s. m. Seconde qualité de pain.

Effloure s. f. Cendre.

Effouerâ (s') v. p. S'écraser, s'aplatir.

Egailla v. a. Disperser. On connaît l'ancien mot d'ordre des Vendéens : *Egaillez-vous, mes gars !*

Egot s. m. Vieux cheval, rosse. (Auv. *egua*, jument ; du lat. *equus, equa*.)

Egraugnâ v. a. Egratignure.

Eguâ v. a. Régler, égaliser. « *Tot s'eque pa lo miox,* » tout va pour le mieux. (Lat. *Equare.*)

Eimmandâ (s') v. p. Partir, s'en aller. Voir s'*Emoudu.*

Einchafetâ (s') v. p. S'embrouiller, s'embarrasser.

Eirâ, Eirî, Urî v. a. Ouvrir. (Lat. *ap-erire.*)

Eimou s. m. Intelligence. esprit.

Elaviounâ v. a. Elaguer, tailler la vigne.

Eliouse s. f. Eclair.

Elvouède, Elieude, Eluéde v. imp. Il fait des éclairs. (Lat. *elucet,* B. *luc'hedi.*)

Emaranchâ v. a. Tailler, émonder un arbre. Casser les branches de la vigne.

Embaillar s. m. Civière, char.

Emberâ v. a. Elever, nourrir. « *Aul o embero ün usai que minge sou,* » il a élevé un oiseau qui mange seul.

Embossou s. m. Arrosoir. *Douille d'embossou,* pomme d'arrosoir.

Emboutâ v. n. S'enfoncer dans une terre meuble.

Embringuâ v. a. Embarrasser.

Embringue s. m. Embarras.

Embouessî v. a. Tromper. (Esp. *embaucar.*)

Emeillâ (s') v. p. S'étonner, s'*émerveiller.*

Emiaulot adj. Maigre, long, efflanqué.

Emoudâ v. a. Envoyer.

Emoudâ (s') v. p. Partir, se hâter. Voir *Mouda.*

Emoîndre v. a. Traire les vaches.

Empein adj. Attaché à..., enclin à... (Lat. *impensus ad...*)

Empeniâ (s') v. p. S'attacher, s'adonner à... (Esp. *s'empeñar,* s'opiniâtrer, s'exposer courageusement.)

Empleïti s. f. « *Tant qu'à l'empleïti de la mort.* » M. A. Jusqu'à l'article de la mort.

Encanchi s. f. Accroc, chose qui accroche, embarras.

Encanchî (s'), **Encanchâ** (s') v. p. S'accrocher, en parlant d'une robe, d'un filet, etc. (Esp. *enganchar*, accrocher.)

Ende, Endepœu pr. Depuis.

    « *Endé la cima daus chavios*

    « *Tant qu'à les ongles daus artios.* » M. A.

Depuis la cîme des cheveux jusqu'aux ongles des doigts de pied.

Endòdrâ v. a. Meurtrir, rendre *dòdre*.

Endrugeâ v. a. Fumer, rendre *druge*.

Enfescî v. a. Empoisonner, droguer.

Enfesciment s. m. Drogue, poison.

Enganâ v. a. Embarrasser dans un obstacle. (Esp. *Encachar* (se), s'embarrasser dans un passage étroit ; du C. *Ing.* embarras.)

Engolâ v. a. Avaler ; au fig. détruire.

Engranâ v. a. Plonger, endurcir.

Engrenillâ v. a. Recoqueviller.

Engrotat adj. Endormi, inhabile, malade. (Lat. *ægrotare.*)

Enqueu adv. A présent, maintenant.

Enfarges s. f. pl. Entraves aux pieds des chevaux. (Lat. *inferrare.*)

Ennartâ v. a. Elever.

Enroa s. f. Gros morceau de pain.

Entannou adj. Terme de mépris, en parlant à un enfant, un gamin ; litt. entamé.

Entremel s. m. Séparation en planches dans les étables.

Entrumâ (s') v. p. S'enfermer.

Envorpâ v. a. Envelopper.

Epaillère, Eparou s. f. s. m. Pièce de bois, bâtons qui garnissent les à-côtés d'une charrette.

Epaillillâ (s') v. p. Ecarter les jambes.

« *Vou plot, vou soulille,*

« *Lou diablou s'épallille.* » (Prov.)

Il pleut, il fait soleil, le diable écarte les jambes.

Eparmenta adj. Bien muni, bien monté, ajusté.

Epelî v. n. Eclore. (Lat. *Expelli*, être chassé hors.)

Epelet s. m. Mauvais ouvrier.

Eplées s. f. pl. Outils. Menus objets servant au labourage, à l'attelage des bestiaux.

Epouffot adj. Asthmatique, suffoqué.

Eputiâ v. a. Ecraser.

Equevilles s. f. pl. Balayures, épeluchures. Très-usité à Lyon. (Esp. *escobilla* ; B. *skubien* ; au Moyen-Age, *escuvilles* ; de *ecoubat*, balai.)

Equifellai s. f. Equipée, folie.

Erennâ v. a. Ereinter, accabler, assommer de coups, etc.

Escabillat adj. Eveillé, alègre, joyeux.

Escot s. m. Espèce de serge, étoffe qui se fabrique dans la Lozère.

Escupi s. m. Crachat. (Esp. *escupir* ; lat. *scopeo* ; B. *scopein*, cracher.)

Espanlou adj. Bossu (Velay).

Espargi s. f. Délai. *Prondre d'espargi*, prendre de la marge.

Espère s. m. Affût. *A l'espére d'una liora.*

Essart, Essert s. m. Défrichement, endroit défriché. D'où les noms propres : *Essertines*, les *Essarts, Issartaise, Essertel.*

Essartâ v. a. Défricher ; v. n. Remuer les jambes.

Essayette s. f. Morceau d'étoffe étroit le long d'une chemise de femme.

Essements s. m. pl. Semences, grains et légumes de choix pour ensemencer.

Essiot s. m. Manche du fléau à battre le blé.

Essoublâ v. a. Oublier.

Essourâ v. a. Exposer à l'air, éventer.

Essourliâ v. a. Etourdir, *essoriller*.

Estève s. f. Manche de la charrue. (Lat. *stiva*.) Voir *Arôre*.

Estot s. m. Herminette, outil.

Eta, Etot. Ce mot n'est guères usité que dans les locutions suivantes : *laisso m'éta*, laisse-moi tranquille ; *grand laisso m'éta*, grand dadais, imbécile, qui dit toujours *laissez-moi la paix*.

Etarnî v. a. changer la litière des bestiaux.

Etapon s. m. Barre de pressoir, pour serrer la vis.

Etavani adj. Ebahi, étonné.

Etella s. f. Bois à brûler, éclat de bois, bûche. (Esp. *estallar*, se fendre ; D. C. *estaille* ; B. *astell*.)

Etiadê s. f. Colle de tisserand. « *Faras-pas ma tiala, mingearias moun étiadé.* » (Prov.). Tu ne feras pas ma toile, tu mangerais ma colle, *c'est-à-dire* : Nous ne pouvons vivre ensemble, nous ne serions pas d'accord.

Etogî, Etougeâ v. a. Epargner, ménager.

Etoupon s. m. Bouchon. *Etoupon d'una boutla*, bouchon d'une outre, et par extension bonde de tonneau. (Esp. *tapon*.)

Etoyî v. a. Faire sortir, lâcher les troupeaux.

Etripâ v. a. Déchirer, mettre en pièces.

Etremâ v. a. Ramasser, recueillir.

Etrot s. m. Bonde d'un étang, vanne d'un moulin.

Etrouble s. f. Chaume, champ de blé moissonné. (D. C. *Estoblagium*.)

Etu adv. Tout-à-l'heure, de suite.

Etuâ v. a. Echauder, préparer un tonneau, une cuve.

Euly s. f. Aiguille.

Evancle adj. Qui a le ventre vide.

Evanlâ v. a. Jeter à terre, renverser.

Evanlâ (s') v. p. S'étendre.

Evarachî v. a. Disperser, mettre en désordre.

Eviailla s. f. Soufflet, gifle. Voir *Viailli*.

Evolage s. f. Immersion d'un étang.

Expillat adj. Vaurien, vagabond. Voir *Pillaraut*.

Ezialâ, Evialâ v. n. Courrir d'ici, de là, en parlant des bestiaux piqués par l'*eziale*.

Eziale s. f. Gros taon qui tourmente les bestiaux. (Lat. *ezialus*.)

F

Fadard, Fadourle s. m. Idiot, imbécile d'esprit. (Fils de *fade*, de fée.) Très-usité dans le Midi, où l'on dit *fada*.

Faciné adj. Criminel. Courir comme un *faciné*, courir comme un ensorcelé. (R. *facinner*, sorcier, d'où le mot français *fasciner*.)

Fagana s. m. Mauvaise odeur, telle que celle d'un *facchino* italien, ou crocheteur échauffé. (La Monnoie : *Glossaire des Noëls*.)

Faran s. m. Jeu cité par Chapelon, probablement *farinfarailly* ou *barin barailly*.

Faraud adj. Elégant, coquet.

Faraudâ (se) v. p. Soigner sa personne, faire sa toilette.

Farasse s. f. Bourdis ou poignée de paille liée, torche de résine. (C. *far*, lumière.)

Farbella s. f. Frange, dentelle, guenille.

Farbelouse adj. f. Femme mal vêtue, déguenillée.

Fardelet s. m. Lutin.

Farettes s. f. pl. Fredaines.

Farcypi s. f. Fête, réjouissance.

Farjo s. m. Forgeron.

Farmailles s. f. pl. Fiançailles. (Vx fr. *fermailles*, promesses.)

« *Jacques dau quio a fat farmailles*
« *De treis nouės, de treis chatagnes.*
« *D'un pataé de quatrou saos ;*
« *Jacques dau quio n'eit pas trop saó.* »

(Branle-chanson).

Farmaillon s. m. Ruban qui attache la quenouille sur la poitrine des fileuses. Voir *Sauteille*.

Farneiri s. f. Provision de vivre ou d'argent. Office, endroit où l'on met les fruits. « *Mingeà sa farneiri,* » manger son bien.

Farneiron s. m. Garçon meunier qui dirige un moulin.

Faron s. m. Mèche de lampe. (Esp. *faron*, lanterne ; C. *far*, lumière.)

Farraman s. m. Terme de mépris. Grande femme de mœurs équivoques. (D. C. *faramanni*, qui se livre aux étrangers.)

Fatrasse adj. f. Se dit d'une femme qui veut se mêler de tout, qui fait du *fatras*.

Fau, Fayard s. m. Hêtre, arbre. Les paysans n'ont souvent d'autre lit que des paillasses garnies de feuilles de *fayard*, qu'ils nomment ironiquement plumes de rossignol. (C. *fau*.)

Faussâ (se) v. p. Se tromper, faire erreur.

Fautâ s. f. Faix, fagot.

Favette s. f. Crainte, peur, panique. (Très-usité à Lyon.)

Faye s. f. Bois de hêtres, d'où les noms propres très-répandus de la *Faye*, la *Fai*, *Fayolle*, etc.

Fenière s. f. Grenier à mettre le foin, fenil.

Feneiron s. m. Grenier à foin.

Fennasson s. m. Douillet, délicat comme une femme. Garçon qui rôde toujours autour des femmes, des *fenne*.

Feri v. a. Frapper. *Feru* et *fiardu*, frappé ; *fiardant*, frappant. (Vx fr.)

Feron s. m. Nom du Furan à St-Etienne.

Fessi s. f. Fagot, faisceau.

Feye, Fiot, Feyette s. f. Brebis, agnelle. *Mayna de feye*, agneau ; *rogearon de feye*, fromage de brebis. Dans certaines localités on dit au singulier *una feye*, et au pluriel de *fiots*. (Lat. *feta*, D. C. *feda*.)

Fialar s. m. Fuseau, filet à pêcher.

Fiarde s. f. Toupie.

Fiarde s. f. Plaisanterie, moquerie.

Fiau s. m. Fardeau, faix. *Traire de fiaux*, porter des fardeaux.

Filandre s. f. Frange.

Filliâtre, Fillat s. m. s. f. Gendre, bru. Très-anciennement employé dans les actes. A Chalmazel, à Cousan, le filliâtre devait une brebis au seigneur, le lendemain de son mariage.

Flôlâ, Flôlattâ v. n. Siffler, s'enivrer, se griser.

> « *T'as fiôlot, Liaudina,*
> « *T'as fiôlot !*
> « *Vou eit dau vin dau curo,* etc. » (Bourrée.)

Fiôlay s. m. Sifflet, fifre.

Fiorey s. m. Nom du mois de juin. « *Lou vettième fiorey,* » le huit juin.

Flache s. f. Marécage. Un pré en *flache* est un pré humide, d'où les noms propres les *Flaches, Flachéres,* etc.

Flaîne s. f. Taic d'oreiller.

Flat s. m. Souffle, haleine, et par extension vue, aspect. (Lat. *flatus.*)

Flemme s. f. Paresse, dégoût du travail. Ce mot, *qui n'est pas français,* se dit dans toute la France.

Fleu s. f. Crème, *fleur* du laitage.

Flochi s. f. Surplis de prêtre.

Floretta s. f. Fleur de froment. « *Una poumpa de floretta,* » un petit pain de pur froment.

Flourey s. m. Cendre. « *Couevi lou flourey,* » balayer les cendres.

Flouri s. m. Drap de lessive, où l'on met les cendres.

Fluraère s. f. Cendrier, endroit où l'on met les cendres.

Flux s. m. Jeu des vagabons à St-Etienne. Ce jeu est souvent cité par Rabelais. « *Vou se filotte ailleu qu'au jeu de flux.* » (Babochi.)

Fœtau s. m. Crible pour le grain.

Foillarët adj. qui fait pousser les feuilles. Le vent *foillarët* est un vent de printemps.

Fol. Fou s. m. Hêtre, arbre.

Foligat adj. Imbécile, à demi-fou.

Fomora. Foumari. Fioi s. m. Fumier, engrais. Terme de mépris.

Forignat s. m. Forézien. Les Auvergnats nomment ainsi par moquerie les habitants du Forez, qui le leur rendent bien, témoin le proverbe : « *D'Auvergne il ne vient ni bon vent, — ni argent, — ni braves gens.* »

Fouessella s. f. Partie inférieure du moule à fromage. (D. C. nomme *foisselle* le panier où sèchent les fromages. Il est à côté de la vérité, comme dans un grand nombre de ses interprétations.)

Fouetlâ s. m. Tablier. (Du côté du Velay.)

Fouillace s. f. Premier lait d'une vache qui a vêlé, et qui sert à faire les matefains *raides* et les *fouaces*. (Voir *Lelét, Busson.*)

Fouillat s. m. Pan d'habit, de chemise, etc. (De *feuille.*)

Foullët s. m. Follet. On donne ce nom aux tourbillons de poussière que fait le vent dans les chemins. En Irlande, les fées dont le follet est certainement cousin-germain, déménagent, dit-on, dans ces tourbillons. Voir pour les noms du lutin, *fardelet, lequin, tra* ou *dra*, etc.

Fouilletta s. f. Mesure pour le vin, équivalant au demi-litre. Ne pas confondre avec la *feuillette* lyonnaise, qui est l'hectolitre ou plutôt la demi-pièce.

Fourma s. f. Fromage fabriqué dans les chalets, sur les montagnes de Pierre-sur-Haute. Les fourmes sont rondes ; leur hauteur est de 25 à 30 centimètres, leur diamètre de 8 à 10. Cinq fourmes, liées ensemble avec de la paille, forment un *lien de fourmes*. On les vend dans les marchés de la Loire et des départements voisins. Celles qui sont blanches et creuses, ce qui provient d'une mauvaise pâte, se nomment *putes,* tout simplement et sans malice. Au XVIe siècle, les fourmes valaient 6 à 8 sols pièce, 30 ou 40 sols le lien. Ce prix a quintuplé depuis.

Fourmeire s. m. Marchand de fromages. Voir *Sounailli.*

Fournaè s. m. Cheminée. La grosse poutre de la cheminée porte le nom de *trat dau fournaé* ou *trafournaé.* On donne au fils aîné d'une famille le titre d'*héreti dau trafournaé,* héritier du foyer; on lui accorde du reste tous les avantages que permet la législation actuelle sur les héritages et les successions. C'est comme l'on dit, pour l'aider à soutenir la maison. Dans les anciennes fermes, les cheminées sont immenses, et, suivant le dicton, *une charette de foin passerait dans la gaine.* Autrefois, le foyer n'était pas adossé au mur, et l'on pouvait faire le cercle tout autour. Les poutres transversales, auxquelles on suspend les jambons et les ételles, se nomment *jugœres, chamberoux,* etc.

Fourni, Furnille s. m. Four, fournil. La locution proverbiale : *Envoyer quelqu'un sur le four,* signifie envoyer promener quelqu'un.

Fouyasse s. f. Fouace, gâteau, sorte de matefains délayés avec la *fouillace,* le *busson.* (D. C. *fouliacea.*)

Fraiche s. f. Temps de repos accordé aux ouvriers après le repas. A Rive-de-Gier, les apprentis verriers avaient naguères le droit de mouler deux bouteilles pendant la *fraiche.*

Frairine s. f. Mot collectif pour désigner les frères et sœurs d'une famille, et par extension une communauté, une association, une *frari.* On dit : faire un arrangement avec sa *frairine;* et les notaires de campagne savent parfaitement ce que signifie cette locution.

Franla s. f. Frange, guenille, et par extension un ivrogne, un mauvais sujet qui traîne la *franla.*

Franliassi s. f. Femme sans ordre, mal vêtue, malpropre. La terminaison *assi* est augmentative, comme en italien *accio.*

Frari s. f. Réunion, corporation, d'où vient *confrérie.*

Frau, Fraot s. m. Bois défriché. Plusieurs endroits portent ce nom. (B. *fraost,* inculte.)

Frechuron s. m. Elégant, mignard, fat.

Freilages s. f. pl. Vieilleries.

Freteaux s. m. pl. Pièces de bois coudées pour la confection des bateaux.

Frezille s. f. Copeau, éclat de bois.

Fricaude s. f. Nourriture, régal. « *La fricaude de tous cayons.* » M. A. D'où vient *fricot.*

Fringageou s. m. Ornement de toilette.

Fringari s. f. Coquetterie, élégance. D'où l'adj. fr. *fringant.*

Fromental s. m. Terrain fort, argileux, propre à la culture du *froment.*

Fromogeou s. m. Litière, fumier d'une étable. Terme de mépris.

Fromogî v. a. Enlever le fumier avec le *bigot.*

Fromogia s. f. Litière, fumier, faire la *fromogia,* nettoyer une écurie.

Frougnî (se) v. p. Se frotter contre quelqu'un ou quelque chose.

Frouillâ v. a. Voler, tromper, tricher.

Frouillon s. m. Trompeur, tricheur au jeu. Au XVIe siècle, *frelot* avait la même signification.

Frusques s. f. pl. Hardes, vêtements. Voir *Veye.*

Frusquin s. m. Nom d'un saint apocryphe qui personnifie la propriété. *Manger son saint-frusquin,* signifie manger ou dépenser son bien. Cette locution est très-usitée à Lyon.

Fumades, Fumées s. f. pl. Pâturages de Pierre-sur-Haute, que les bestiaux engraissent de leur fumier.

Fun s. m. Fumée.

Furâ v. a. Creuser, chercher. « *Se furà la cabochi,* » se creuser la cervelle.

Furgni s. f. Souris. Nous ignorons si ce mot est très-répandu ; nous l'avons entendu à Noirétable.

G

Gaffâ v. a. Dévorer, manger.

Gaffa s. f. Vaurien, mange-tout.

Gaga, Gagassi adj. s. m. s. f. Surnom des habitants de St-Etienne-en-Furan. Des étymologistes trop savants ont trouvé l'origine de ce mot dans *gagate,* terme qui, en grec, en latin, en espagnol, signifie pierre noire, jais, etc., ce qui prouverait, clair comme le jour, que les Romains se chauffaient avec la houille. En C. *gag, gagau* signifie : fentes, trou, ouverture, et pourquoi pas puits de charbon ?

Nous pensons que ce sobriquet a été donné aux Stéphanois à cause de la sonorité et de la volubilité de leur patois qui contraste étrangement avec le parler lent et mesuré des habitants de la plaine. Dans d'autres provinces, *gagasser* signifie parler rapidement et d'une façon gutturale.

Gagnagi s. m. Jachère. On dit une terre en *gâgnage.*

Gagni s. m. Genêt, plante.

Gaîne s. f. Paresse, flânerie.

Galâ (se) v. p. Se réjouir. (Anglo-saxon, *gal.*)

Galer, Galeisa adj. Joyeux, fringant. On disait autrefois une *galloise* pour une femme de mauvaises mœurs. *Gale-bontemps*, homme sans souci, Roger-Bontemps.

Galina, Galinetta s. f. Poule, poulette. (Lat. *galina.*)

Galinaère s. f. Perchoir pour les poules. Auvent devant la porte des églises de campagne.

Galistran s. m. Garçon décontenancé, qui se tient mal.

Galorou s. m. Plaisir, amusement, gaîté. « *La maynat d'iquai tion être plan de galorou.* » Ch. La jeunesse d'alors était pleine d'entrain.

Galoupa s. f. Vaurien, mauvais sujet.

Gamache, Gamachou s. f. s. m. Guêtre en cuir ou en toile blanche qui montait jusqu'au genou. Quelques vieux paysans portent encore des *gamaches*.

Gamaè s. m. Cépage de médiocre qualité.

Gambey s. m. Ventre. « *Vou rend pas lou gambey aussi du qu'una piera.* » Ch. Cela ne rend pas le ventre aussi dur qu'une pierre. (B. *gambé*, voûté, arrondi en bosse.)

Ganaè, Ganaèse s. m. s. f. Fermier, fermière. Au Moyen-Age, *gaigneur*, *gaignère*, signifiait laboureur. Du C. *gwen*, récolte, gain. Ce nom de *gwen* se trouve souvent, dans de très-anciens titres, appliqué à l'automne, saison des fruits. Voir D. C. D'où les noms propres *gaignères*, *gagnat*, etc.

Gandola s. f. Petite tasse à boire. Nous en avons une en argent, portant la date de 1709 et le nom de notre trisaïeul, et dont le fond est formé d'un écu (monnaie) aux armes de Prusse.

Gandouérî v. n. Se réjouir, bambocher. « *L'amour*

me ganduère, et lou vin may, » L'amour me plaît et le vin aussi. (C. *ganta,* plaisanterie.)

Gandouési, Gandoise s. f. Plaisanterie, joyeuseté, farce. *Les Ganduaises* de Guill. Roquille, poète de Rive-de-Gier, sont célèbres, au moins dans notre département.

Ganipa, Ganipella s. f. Mauvais sujet. Faisons observer, en passant, que le vocabulaire des injures patoises est d'une variété extraordinaire. Ce mot étant un des plus répandus, nous profitons de l'occasion pour renvoyer le lecteur désireux de tenir tète à une *revendeire gagasse,* aux mots : *sampa, suarpi, liarpa, dépouilli, gaffe, peilli, faraman, gaupa, garauda, louéri, franla, courpa, rippa* et autres aménités.

Gaparou s. m. Fromage blanc.

Gâpian s. m. Gabelou, employé aux octrois municipaux.

Garauda s. f. Femme de mauvaises mœurs, coureuse.

Garaudes s. f. pl. Guètres.

Garagnat, Garagnassi adj. Se dit d'un enfant qui fréquente les enfants d'un autre sexe.

Garès s. f. pl. Joues. On dit aussi les *gares dau quio !*

Garet s. m. Sale, malpropre. Terme de mépris.

Garguilli s. f. Ce mot est usité dans la locution *charcha garguilli,* chercher querelle.

Garibaudaille (à la). Locution adverbiale. En désordre, à l'abandon.

Garipotte s. f. Lutin, feu follet, qui entraîne les curieux imprudents dans les fossés et les mares d'eau.

Garliâ v. n. Loucher.

Garliat-assi adj. Qui louche. (Roman *guerli.*)

Garna s. f. Fagot de branches de pin, aiguilles de pin, broussailles pour allumer le feu. (B. *gar* et *garouhein*, aiguillon ; G. é. *pioun-chrann*, pin.)

Garnasson s. m. Bois de pins.

Garon s. m. Abcès à la langue des porcs.

Garon s. m. Tète de mouton. Les *garons* en daube sont un des mets préférés du peuple.

Gâte s. f. Ce que l'on use dans un certain espace de temps.

Gatî s. m. Lange d'enfant.

Gatta s. f. Cosse de légume, d'où le verbe *dégatá*.

Gaupa, Gampa s. f. Coureuse, femme de mauvaise vie.

La gaupa vét chattá dins tout lou visinageou,

Et me fat de z'effants que n'ant pas moun visageou. Ch. J.

La gueuse va *chatter* dans tout le voisinage,

Et me fait des enfants qui n'ont pas mon visage.

Gavot s. m. Montagnard, d'où la *gavotte*, danse des montagnards.

Geargeaï ou **Jarjaï** s. m. *Ervum irsutum*, plante qui grimpe le long des blés, et quelquefois en si grande abondance qu'elle couche les tiges.

Gemma s. f. Perle. « *La fina gemma de mous yox.* » M. A. (Lat. *gemma*.)

Gène s. m. Marc de raisin au sortir de la cuve. Lorsqu'il est pressé, on le nomme *drouache*. (R. gen, D. C. gen.)

Geôlâ v. n. Pleurer. (B. *gwela.*)

Gère (se) v. p. Se coucher, dormir. « *La viat et lou gère,* » la table et le lit. (Lat. *jacere.*)

Gerla s. f. Cuvier, baquet. (C. *jarl.*)

Gerliou s. m. Petit seau pour traire les vaches.

Geün s. m. Plainte, gémissement.

Gigauda s. f. Enjambée.

Gigua s. f. Jambe, gigot de mouton.

Gïn, Gès conj. Point.

Gingois adj. De travers. Voyez dans Rabelais : *Guingois*, qui a l'esprit de travers, *de quà hinc, de quà hac*; *vin guinguet*, d'où *guinguette*, vin vert qui fait faire la grimace.

Gïnguâ v. n. Boiter, branler, être en équilibre, comme le prouve le dialogue suivant entre deux maçons :

— « *Oh! Jean, addu lo mourtia, la pirra gïngua.*

— « *Gïngua que gïngua, portou pas lo mourtia avant d'avé dïnä.* » — (C. *ging*, boiteux.)

Gisclou s. m. Serpent, couleuvre. « *Un bâton qu'eit euri de la pai d'ün viox gisclou.* » Ch. Un bâton recouvert de la peau d'un vieux serpent.

Gliafa s. f. Boue et neige fondue. (C. *glaff*, pluie.)

Gniac s. f. Dent. *Faire la gniac*, faire la grimace, en faisant claquer les dents.

Gniacâ v. a. Mordre. (Flamand, *knagen*, mâcher.)

Gnôgne. Nioche s. f. Jeune personne, niaise, bête.

Gobille. Goblë s. f. Globule, *bille*, jeu des enfants.

Gôgna s. f. Grimace, câlinerie, caresse. *Les gôgnes*, les joues.

Gôgnard, Gôgnand s. m. Câlin, grimacier. On dit à Lyon *grand gognand*. (Ital. *gogna*, libertin, vaurien.)

Gogue s. f. Friture de miche, trempée dans du lait. Espèce de beignets. (D. C. *gogue*, amusement.)

Gone, Gonelle s. m. s. f. Garçon, fille, gamin, gamine. *Un gone* se dit à Lyon pour un gamin. Dans le Forez, on dit *grande gonelle* d'une fille qui manque de réserve, de contenance. En hottentot *gona* signifie enfant, gamin. (Du gr. *gonéô*, engendrer.)

Gôno, Gôna adj. Habillé. On dit aussi à Lyon *mal gôné*, mal vêtu. (It. *gona, gonella*, robe ; angl. *gown*.)

Gorgolla s. f. « *Beire à la gorgolla*, boire au goulot, à la bouteille. (It. *bere à gorgota*.)

Gorgosson s. m. Aigreurs d'estomac, vapeurs, *ver de cora*, voir ce mot. (It. *gorgozza*, œsophage.)

Gorlanchî v. n. Vagabonder, mener une vie de fainéantise.

Gorlanchia s. f. Vagabondage, paresse, ivrognerie. Tel est le titre d'une des meilleures poésies de Roq., le poète des *Pereyoux* ripagériens.

Gorre s. f. Truie. Vieille vache, viande de vache salée. (En C. *gorre*, truie.) Il est possible que l'on ait appliqué ce mot à toute sorte de viande salée, comme celle du porc. Ce mot était anciennement usité en français dans le premier sens. La reine Isabeau de Bavière avait mérité, par la dissolution de ses mœurs, le surnom de *grand'gorre*, que lui avait donné le peuple parisien. En 1544, Jean d'Abondance fit imprimer à Lyon *la Chanson de la Grand'Gorre*, in-16.

Gouassâ v. n. Bavarder, parler.

Goudivet s. m. Saucisson de mauvaise qualité fait avec les boyaux du porc.

Gouère s. f. Morceaux de pomme que l'on enfile en chapelet pour faire sécher.

Gouéron s. m. Pâté fait avec des *gouères*, et que l'on fait cuire au four sur des feuilles de choux.

Gougî v. a. Remuer la tête en signe d'approbation ou de refus.

Gouilla s. f. Serpe, serpette.

Gouillard s. m. Goître.

Gouillarde s. f. Espèce de hache, de grande serpe pour tailler les haies.

Gouillat s. m. Mare d'eau stagnante, bourbier. (C. *gouil,* dormant ; *laith,* eau.)

Gouine s. f. Femme de mauvaise vie. (C. *gouhin,* G. *coinne.*)

Goulâ v. a. Manger avec avidité, gloutonnement.

Goula s. f. Bouche, gueule. « *Se faire petà la goula,* » s'enorgueillir, se gonfler les joues.

Goungounâ v. n. Murmurer, grogner.

Gourbâ v. a. Se moquer de..., ridiculiser.

Gourba s. f. Moquerie, jouet. « *Et par caramentran me sarveisse de gourba.* » Roq. Et pour carnaval me serve de mannequin.

Gourd s. m. Creux profond dans une rivière, tourbillon. (Lat. *gurges,* gouffre ; C. *gord,* eau dormante ; it. *gorgo,* tourbillon.) Ce mot est très-généralement et très-anciennement employé. Nous trouvons, dans des actes des xiie et xiiie siècles, mention de plusieurs *gourds* dans la Loire, le Lignon, etc. Le *gourd* bleu dans le Lignon, près de St-Georges-en-Cousan, est cité dans un aveu de fief de 1200, sous le nom de *gourd noir.* Aux *gourds* célèbres se rattachent assez souvent des légendes qui trouveront place ailleurs.

Gourda, Corla s. f. Courge, citrouille, gourde de pélerin.

Gourguillon s. m. Têtard, petite grenouille. Charançon, *insecte* qui ronge le blé, les légumes, cosson, calandre, etc. (Esp. *gorgojo* ; lat. *gurculio* ; it. *gorglione.*)

Gourïn, Gourina s. m. s. f. Vaurien, vagabond, femme de mœurs équivoques. (Esp. *gorrona,* femme de mauvaise vie.)

Gourinâ v. n. Vagabonder, marauder, fréquenter les gourines. (Esp. *gorronear*, mendier.)

Gourla s. f. Gaule, bâton.

Gourlâ, Gourleyî v. a. Secouer, ébranler. On dit à Lyon *se groler*.

Gourniflâ v. n. Voler, mendier, d'où *écornifler*.

Gourri. Goret s. m. Petit cochon. Terme de mépris, à St-Etienne. (Nom du lutin breton.)

Goutta s. f. Petit ruisseau qui descend des montagnes. Plusieurs lieux en Forez ont conservé ce nom : *Lagoutte, Goutteclar, Gouttenoire*, etc.

Govar s. m. Ordre, direction d'une maison, d'où *gouverner*.

Goye s. f. Serpe, goy, *vx fr.* (C. *goy*, tortu, recourbé en forme de serpe.)

Grabotâ v. n. Gratter, éplucher, examiner comme grain à grain. (Lat. *gracellum*, vx f. *grabeau*, grain de sable.) Voir Rab.

Graboton s. m. Enfant qui gratte la terre, qui *grabote*.

Gralignâ v. a. Egratigner, écorcher. (It. *graffiare*.)

Graila s. f. Charbon mi-gros.

Graila s. m. Morceau, bloc.

Grallasson s. m. Morceau, pierre.

Gramin s. m. Mauvaise herbe qui envahit les cultures. (Lat. *gramen*, gazon.)

Grasse-Poule s. f. *Mâche*, blanchette, herbe et salade (*valerianella olitoria*).

Grassoulâ (se) v. p. Glisser sur la glace.

Grataille (à la). A la grate, *locution adverbiale*. A l'abandon ; jeter quelque chose à la grataille. (C. *gart*, libéralité.)

Graton s. m. Reproche, réprimande. Très-employé à Lyon. (Voir D. C. *rogaton*.)

Gratons s. m. pl. Petits morceaux de graisse de porc rôtis. Ce sont les *sommades* des Grecs. (Voir Plutarque, trad. Amiot, traité 20, *du manger chair*.)

Graula. Grailla s. f. Corneille, corbeau. D'où plusieurs noms de lieux et de personnes.

Gravâ v. a. Grimper, monter à un arbre, *gravir*.

Gredâ, Gridâ v. n. Crier. (It. *gridare*.)

Grelut, Greluchon s. m. Avare, gueux (Lyon).

Grelet s. m. Grillon, scarabée. Il y a le *grelet noir* ou grillon, le *grelet vert* ou tailleur, carabe doré.

Griffon s. m. Houx, plante.

Grillon s. m. Sécheresse ; herbe sèche, espèce d'immortelle.

Grimatocre s. f. Nom donné par les paysans à la police, qui, pour eux, n'est qu'un grimoire.

Grimodon. Se mettre *en grimodon*, s'accroupir, se blottir dans un coin. Voir s'*agroumi*.

Griotte s. f. Cerise aigre-douce, que l'on conserve à l'eau-de-vie. A Paris les *griottes* se nomment *cerises*, et les *cerises*, *griottes*. (*Cerasus capraniana*.)

Griottées s. f. pl. Criblures de grains.

Grispignâ v. a. Crisper, en parlant des nerfs ; énerver.

Grite, Gritou s. f. Marguerite (nom propre diminutif).

Grivay s. m. Ecumoire. « *Touta faiti à partus couma ün màtru grivay.* » Ch. Toute trouée comme une mauvaise écumoire.

Grivella s. f. Gui, plante parasite dont les baies servent d'appât pour prendre les grives au lacet. Voir *Véque*.

Grouà v. a. v. n. Couver.(Esp. *guero*, œuf couvé).

Grouber s. m. Grosse meule de blé.

Groué s. f. Croûte, morceau de pain.

Grougnou s. m. Croûton de pain. (Lat *rugnus*, coin. angle.)

Groulâ v. n. Marcher lentement, trainer la *groulà*.

Groula, Groula s. f. Savate. On dit à Lyon *grolle*.

Groulassâ v. a. Aller, marcher lentement, trainer la *groula*.

Groulœre, Gronlaure s. m. Savetier, qui traine la *groula*.

Groulu s. m. Pansu, obèse.

Groumâ v. n. Attendre quelqu'un avec impatience.

Guaret s. m. Terre inculte. Plusieurs lieux en Forez portent ce nom.

Guarifauda s. f. Espèce de cerise.

Guelet adj. Gai, joyeux. Voir *Galey*.

Guérâ ou plutôt **Eguérâ** v. a. Aplanir un boisseau plein, y passer l'*egaère*.

Guernipille, Guenippe, Ganippe s. f. Vaurien, mauvais sujet. Quelques-uns le font dériver de pilleur de *guernes*, ou poules (*gallina*). Ce mot daterait des guerres des Anglais. (It. *galuppo*, gueux, déguenillé.)

Guia s. m. Fouet.

Guignoche s. f. Chien de fusil.

Guigne s. f. Marelle, *jeu*. Le palet qui sert pour ce jeu.

Guilli. Guillon s. f. s. m. Forêt, amorçoir.

> « *Chauchàs pas tant la guilli,*
> « *Ouai, ma figua, ouai !* » (Vieille chanson).

Guirande s. f. Femme de mauvaises mœurs.

H

Habillâ v. a. Châtrer.

Halerâ v. n. Souffler, haleter.

Handrilli s. f. Guenille, haillon. *Trainâ l'handrilli.* (Esp. *Andrajo*, chiffon, haillon.)

Haria s. m. Embarras, confusion. Voir *Aria*.

Harpeyî v. a. Herser un champ.

Harquetâ v. a. Ajuster, orner. *Ben harquetat*, bien équipé, bien monté.

Haussurat s. m. Petite éminence dans les prairies.

Haustau s. m. Maison, logis, *hôtel*. (Employé par Ch., usité à Lyon.)

Hauts s. m. pl. Culottes, *hauts* de chausses. (Outre cette étymologie que nous avons citée à *Aux*, nous devons rappeler que *hosen* en B., *uosa* en ital., *heuse* et *houseau* en vieux français signifient aussi culottes, et chausses dans le sens de bottes, guêtres.)

Heri, Here adv. Hier. (Lat. *heri.*)

Heurt, Hort s. m. Jardin. « *Allans vez l'heurt*, » allons au jardin. Ce mot est encore employé dans les actes ; on dit une terre située sous *les heurts*. (It. *orto*, esp. *huerta*. lat. *hortus.*)

Horta s. f. Provision de voyage. « *N'avans una bouna horta, ne pouvans moudá*, » nous avons de bonnes provisions, nous pouvons partir.

Hortailli, Hortolageou s. f. s. m. Légumes, jardinage. (It. *ortaggio*, légumes.)

Houche excl. Terme exclusivement employé pour appeler les porcs. (B. *houc'h*, porc.)

Houssu, Houssi excl. Pour chasser les chiens. Ce mot, usité dans beaucoup de provinces, n'est pas français. (It. *uscire*, sortir, s'en aller.)

Huchâ (se) v. p. Se balancer.

Huchet s. m. Petit bateau percé de trous, où l'on met le poisson en réserve. Voir *Barnolla*.

I

Imbiorn adj. Maladroit.

Imbringuâ v. a. Embarrasser. (It. *imbrigare*.) Voir *Embringuâ*.

Immolâ v. a. Faire un *mollard*, transporter et entasser la terre.

Impente s. f. Rame placée à l'arrière du bateau et qui tient lieu de gouvernail (bords du Rhône).

Inchaplâ v. a. Aiguiser et redresser une faux émoussée.

Inchat adj. Délicat, d'un goût difficile. (Ir. *inghean*, jeune fille.)

Incouille s. m. Houx, arbrisseau. Voir *Agriôle*.

Ingannâ v. a. Tromper, embarrasser. (It. *ingannare*.)

Inginiat adj. Volage.

Intrafichi adj. Maladroit.

Io, Iou, Jeu, Jou, Ji pron. Je. (Voir la grammaire.)

J

Jabiat-assi adj. Imbécile, idiot.

Jabiôla s. f. Cage à poulets, diminutif de *jaivi*, d'où le mot français *geôle*, prison. L'enseigne de la cage, rue du même nom, à Lyon, représentait une tour de prison. (Esp. *jaula*, B. *cabia, jabia*, du C. *cab*, habitation, prison.)

Jabolat adj. Imbécile, idiot.

Jabri s. m. Babil, ramage.

Jâcle s. f. Sorte de perche pour pêcher les grenouilles.

Jacobine s. f. Petite chambre sous les toits, mansarde.

Jaêre (se) v. p. Se coucher, s'étendre. (Lat. *jacere*).

Jai. Jau. Jaillar s. m. Coq. Le geai se nomme le *jau des bois*. (Lat. *gallus*.)

Jailla s. f. Sorte de pioche. Voir *Jalé*.

Jaillon, Jaillounettâ s. m. s. f. Petit coq, petite poule.

Jaivi s. f. Cage. « *La jaivi d'un uzai qu'a ben prou de cusins.* » Ch. La cage d'un oiseau qui ne manque pas de cousins (le coucou).

Jalé, Jaliœre s. m. s. f. Taille-pré, sorte de pioche pour faire les rigoles ou *bialœures*.

Jalena s. f. Poule (Lat. *gallina*.)

Jalenci s. m. Poulailler, perchoir.

Jalouffe, Jarousse s. f. Fourrage légumineux (*ervum monanthos*).

Jambre. Tsambre s. m. Ecrevisse.

Janouère, Janouérat s. m. Genièvre, genevrier.

Jaquillà v. a. Exciter, faire aboyer les chiens.

Jar s. m. Les bateliers de la Loire nomment ainsi les courants où l'eau frise les cailloux, le lit de la rivière.

Jar. Jaurl s. m. Taureau. (Dans les langues scandinaves, *iarl* signifie chef.)

Jarbolla s. f. Cerise noire des montagnes.

Jarderet, Geargeai s. m. Plante légumineuse qui nuit aux céréales.

Jardoux adj. Malpropre.

Jartsura s. f. Perte, désordre. Faire *jartsura*, avoir mauvaise façon. (Lat. *jactura*.)

Jas. Jat s. m. On nomme *jas* les pâturages qui couvrent les montagnes de Pierre-sur-Haute. Litière des vers à soie ; les bestiaux en sont très-friands. Gîte ; prendre un lièvre *à jat*. Etre *à jat*, être couché, être malade. Ce mot signifie aussi endroit, lieu, place.

Jasserie. Jat s. f. s. m. Hameau situé dans les jas et composé d'une douzaine de *loges* ou cabanes couvertes en chaume.

Jassier s. m. On nomme *maître jassier* celui qui est à la tête d'une *jasserie*.

Jaune s. m. Ce nom est pour les bouchers, à Saint-Etienne, la plus sanglante insulte. On sait que les Juifs, nommés aussi *jaunes* dans le Midi, à cause des habits de cette couleur que la loi les obligeait à porter, tuent eux-mêmes les animaux dont ils se nourrissent. Il est probable que les bouchers de St-Etienne ignorent qu'on les traite de juifs, lorsqu'on les appelle *jaunes*; mais, en bons chrétiens, ils ont le droit de se fâcher de cette injure.

Jaunery s. f. Chatière, trou pratiqué au bas d'une porte pour laisser passer les chats.

« Si par d'hounettes raisouns

« Quauquïn se trove on présoun.

« Passouns ny par la jaunery

   « Una neiri,

« Una granda neiri. » Babochi.

Jeanna-Paôre s. f. Littéralement *Pauvre-Jeanne.* Nom donné poétiquement à la bise qui gémit dans les hautes cheminées, pendant les veillées d'hiver, et au rouge-gorge qui vient mendier au bord des fenêtres quelques miettes de pain, quand les champs sont couverts de neige.

Jannetoella s. f. Petit genêt.

Jerapellina s. f. Vieil habit en lambeaux, guenille.

Jiclâ v. n. Jaillir, en perlant des liquides.

Jïnguetta s. f. Mauvais vin, piquette. Voir *Gingois.*

Joselou s. m. Joseph (nom propre diminutif).

Journallâ s. f. Journal de vigne. La journalée comprend ordinairement de 800 à 1,000 ceps.

Jouvensanne s. f. Gentiane, plante médicinale, abondante dans les montagnes de Pierre-sur-Haute (*gentiana lutea*).

Jubattre (se) v. p. Se débattre, se démener.

Jugeloux-ousa adj. Niais, bête.

Jugœres s. f. pl. Petites poutres placées en travers d'une cheminée, auxquelles on suspend les jambons pour les fumer et les *ételles* (éclats de bois) pour les faire sécher.

Juncle, Junllé s. f. Lanière de cuir qui sert à lier le *jun* ou joug aux cornes des bœufs.

L

Labrune s. f. Salamandre. Son souffle fait mourir, au dire des paysans. Voir *Alabrande* et *Taurina*.

Laie s. f. Claie sur laquelle on transporte les gerbes pour les élever en meules, en *plongeons*.

Laidi s. f. Mauvaise herbe à piquants, qui croît dans les jardins, et dont les lapins sont friands.

Lambretan s. m. Vaurien, ivrogne. Voir *Ganippe*.

Lampétari s. f. Etoffe de soie que l'on fabriquait à St-Etienne dès la fin du xvie siècle. D'où *lampas*.

Landâ v. n. Courir, être poursuivi. Flâner, aller lentement. (B. *landreá*, flâner.)

Landore s. m. Flâneur, paresseux. Dans Rabelais : « *Un fainéant... et qui bransle les jambes assis sur une boutique.* » (Ed. 1711, Amsterdam, tome VI, page 72, Commentaires.)

Laône. Lône s. f. Fossé, gare, bras de rivière (usité à Lyon).

Laosse. Louche s. f. Cuiller. (Lat. *cochlear*.)

Lardichi. Lardenna s. f. Mésange, *oiseau*.

Larmuze. Lermize s. f. Lézard gris, *reptile*.

Lassoilli s. f. Bouillie, purée.

Lât. Lâré s. m. Côté. *De tous lous lâts*, de tous côtés. (Esp. *lado*, lat. *latus*, it. *lato*.)

Laure. Laurella s. f. Lèvre, petite lèvre.

Là-voué. Layan. Léen adv. Là-bas.

Layde s. f. Droit levé sur les denrées apportées à un

marché. Ce mot, que l'on trouve souvent dans des titres anciens, est encore usité.

Lebët s. m. Premier lait d'une vache qui a vêlé.

Lèche s. f. Jonc des marais, ou *laiche*. (Lat. *lacus*, marais.)

Lèchere s. m. Etang, marais. Dans les vieux actes des XIVe et XVe siècles, les étangs sont nommés en latin *lescheria*.

Lengun, Leigun, pr. ind. Personne, aucun. (Esp. *ningun*.)

Lenci, Lencio s. m. Drap de lit, d'où *linceul*.

Letza s. f. Petit-lait. « *Au beit le lat, te beis la letza,* » il boit le lait, et toi le petit-lait.

Levreiri adj. Léger, prompt.

Liaraud s. m. Imbécile, idiot.

Liard s. m. Mot générique qui signifie argent.

> « *Lous garçons n'ont gïn de liard,*
> « *Les filles gïn de soulars,*
> « *Hardi donc ! la féta !* »
> Les garçons n'ont point d'argent,
> Les filles point de souliers,
> En avant la fête ! (Bourrée).

Liarpa s. f. Ivrogne, vaurien.

Liarquâ v. a. Lapper, en parlant des chiens.

Licurnâ, Lurnâ v. n. Regarder en flânant.

Lièche s. f. Tranche de pain, petit morceau.

Lière s. f. Alisier, arbre. D'où plusieurs noms de lieux : *le bois de la Lière, le gourd de la Lière,* etc.

Liette s. f. Tiroir.

Ligoussa s. f. Sabre, épée, *par plaisanterie.* Ce mot, employé par Ch., est encore usité dans l'argot lyonnais.

Lingaina s. f. Fanfreluche, ornement.

Lingorna, Lingaina s. f. Pièce d'étoffe ajoutée pour élargir.

Lingueiron s. m. Méchante langue.

Liôdai, Liôdou s. m. Imbécile, idiot. Au commencement de ce siècle, *Liôdou* ou *Liaudou* était un mendiant de St-Anthème. Il y avait aussi un *Liaudou* du temps de Chapelon.

Liôra, Luère, Lùre, Lèvre s. f. Lièvre. « *Counta de cornes de liôra,* » conter fleurette.

Litte s. f. Mesure de superficie pour les vignes. Espace compris entre deux *rases*.

Liuche, Liche s. f. Ivrognerie, fainéantise. Fainéant, ivrogne. Ce mot appartient aussi à l'argot lyonnais.

Liusetta s. f. Gesse, plante légumineuse (*lathyrus aphaca*).

Livrie s. f. Livrée, ruban. Ce mot n'implique, en patois, aucune idée de servilité.

Livrorée s. f. Etendue de terre que l'on peut ensemencer avec un livrot ou bichet de blé.

Livrot s. m. Ancienne mesure de grains dans le Forez.

Loche s. m. Sorte de petit poisson.

Loge s. f. Châlet des montagnes de Pierre-sur-Haute. Petite maison de campagne dans les vignobles. La loge renferme, au rez-de-chaussée, le *cuvage* ou cellier, et au-dessus une petite chambre. On y va boire en société le dimanche, et quand vient le soir, il n'est pas rare de voir, dans certaines localités, les femmes aller aux *loges* en procession, chercher leurs ivrognes de maris.

Louciri s. f. Femme de mœurs équivoques. (It. *loca*, courtisane.)

Louffa s. f. Vesse. (It. *loffa, vento senza romore!*)

Loza s. f. Espèce de marne qui durcit et s'émiette à l'air. Les falaises des bords de la Loire en sont formées.

Lozou s. m. Caillou, pierre. « *Un lozou m'assupet.* » Ch. Un caillou me fit trébucher. (Esp. *lozza*, pierre.)

Lourde s. f. Eblouissement, vertige.

Luche s. m. Prix, premier rang.

Lusanna s. f. Petite cerise douce.

Lusarnâ v. n. Luire, en parlant du soleil.

Lusarna s. f. Ver luisant, *insecte*.

Lusat adj. Malin, rusé. On dit à Lyon *gros lûs*, gros farceur.

M

Mâ, Mâque conj. Seulement, que, quoique, pourvu que... (It. *maòche*.)

Macalou s. m. Petite meule de gerbes.

Macaraude s. f. Giboulée.

Macariau s. m. Geai, oiseau.

Mâche s. f. Espèce de salade (*valerianella olitoria*). Voir *Rampon, Grasse-poule*.

Mâche-Croûte s. m. Le *mâche-croûte* est le mannequin de carnaval que l'on promenait jadis. C'est le *mardi-gras* actuel que nous avons tous vu jeter au Rhône, et qui était, avec *Jean-de-Bavière,* le grand épouvantail des enfants. On portait autrefois Mâche-Croûte au bout d'un bâton doré, et Rabelais qui avait habité Lyon, comme l'on sait, en rend compte de la façon suivante :

« C'estoit une effigie monstrueuse, ridicule, hideuse et

« terrible aulx petits enfants, ayant les œils plus grands que
« le ventre, et la teste plus grosse que tout le reste du corps,
« avecques amples, larges et horrifiecques maschoueres bien
« endentelées tant au dessus comme au dessoubs : lesquelles
« avecques l'engin d'une petite chorde cachée dedans le
« baston doré l'on faisait l'une contre l'aultre terrifiecque-
« ment cliqueter, comme à Metz l'on fait du dragon de sainct
« Clément. »

Mâcha v. a. Meurtrir. *Cop mâchat*, coup sans effusion
de sang. (B. *macha*, presser, fouler.)

Mâchurâ v. a. Noircir, charbonner. (It. *macchiare*.)

Mâcle s. m. Vapeurs, rôt, *maladie* exclusivement.

Magnelet s. m. Petit corsage d'enfant, brassière (de
maynat.)

Magnen s. m. Chaudronnier ambulant. Ce mot est très-
ancien et très-répandu. (It. *magnano*, serrurier.) Les étymologies de ce mot sont nombreuses. Ménage le fait venir
d'*œramen*; d'autres le tirent de *manuarius*; d'autres le font
dériver de *Limagne*, parce que la plupart des chaudronniers
sont Auvergnats. Nous en omettons, et non des meilleures.

Magni, Mani s. m. Ver à soie, d'où *magnanerie*.

Maillarde s. f. Vache de couleur rouge.

Maille, Môille s. f. Câble, cordage. « *Coubrà la
môille*, » enrouler le câble (terme des mariniers du Rhône).

Maillon s. m. Rouleau de bois. Petit anneau de verre
en forme d'olive ayant plusieurs trous, *terme de fabrique*. Il
y a à Lyon, côte des Carmélites, l'enseigne du *Maillon-d'Or*.

Mailloussa, Mayoussa s. m. Fraise, framboise.

Maître s. f. Partie principale, bloc qui forme le corps
de la charrue.

Malencogni s. m. Malade, faible de constitution,

d'une santé débile. (It. *malenconico*, triste, malade, mélancolique).

Malheurta adj. Ensorcelé, maudit, sur lequel on a jeté un sort.

Mami s. m. Espèce de lutin qui prend ordinairement la forme d'un lièvre pour perdre les chasseurs.

Mamiau s. m. Pomme de pin.

Mandoula s. f. Amande, Amandier.

Mandrot, Malandrin s. m. Synonyme de *Mandrin*. Ce brigand célèbre est encore en grande réputation dans le Forez. (It. *malandrino*, brigand.)

Maneille, Manille s. f. Anse d'un seau, d'une cruche.

Manelî s. m. Sonneur de cloche.

Mango, Mangon s. m. Manche d'un outil. Ancienne forme du mot *manche*, d'où *mal mangounot*, mal emmanché, et *se démangougná*, se démancher.

Manôre s. f. Manœuvre, ouvrier à la journée.

Manti s. m. Nappe, couverture, morceau d'étoffe qui borde la cheminée. Serviette pour envelopper le pain. (D. C. *mantile*. it. *mantile*, nappe.)

> « *Un bai manti tout fin blanc de luya,*
>
> « *N'eit que lous rats l'ant un pot partusa.* » Ch.
>
> Une belle nappe toute blanche de lessive,
>
> Si ce n'est que les rats l'ont un peu trouée.

Marâ v. n. v. a. Travailler péniblement, piocher avec la *mare*.

Mara s. f. Houe, pioche.

Maraire s. m. Manœuvre, terrassier. Ce sont ordinairement les Veleyats ou habitants de Velay, qui font ce travail fatigant. Leur sobriété est proverbiale. (B. *marrer*.)

7

Maranchâ v. a. Tailler, émonder un arbre.

Maraud s. m. Chat, matou.

Marchon s. m. Poutre, chevron.

Mardia ouai! Mardia non! excl. Jurement des montagnards. (It. *madie*, par ma foi !)

Mare s. f. Rive droite de la Loire, et *Galarne*, rive gauche (usité à Roanne.)

Maréchale s. f. Première couche de la houille.

Marella s. f. Petite marguerite sauvage, matricaire.

Marenda s. f. Goûter, collation. (It. *merenda*, en savoyard, *merenda*.)

Mare-nu adj. Entièrement nu, *né-nu*.

Margouilli s. f. Poule d'eau, *oiseau*. (It. *marangone, mergo*, plongeon.)

Margouillon s. m. Bavard, qui parle sans savoir ce qu'il dit, qui barbote.

Marî (se) v. n. S'égarer, se perdre. (It. *smarrida*, égarer.)

Marochi. Maluchi s. f. Gros maillet. *Téta de marochi*, grosse tête.

Marpailla v. a. Gaspiller, dissiper follement.

Marrein s. m. Terre, gravier.

Marsî v. n. Sécher. « *Laissa marsi les foilles*, » laisser sécher les feuilles. (It. *marcire*, se flétrir, se pourrir.)

Mas s. m. Métairie, ferme, terre labourable, d'où les noms propres : *Mas, Dumas*. (Lat. *mansus*.)

Masageou s. m. Village, hameau, ferme. Usité encore à la fin du xvie siècle.

Massacre, Mansard adj. Maladroit.

Massetâ s. f. Charretée, charge d'un *massot*.

Massot, Massou s. m. Sorte de char rustique à deux roues. Le char à quatre roues se nomme *char-deurbli*.

Massotte s. f. Jeu. Voir *Caye*.

Massouilla s. f. Touffe, fagot. « *Una massouilla de louéssoun,* » une haie de broussailles. (It. *macchia*, buisson, broussailles.)

Matafam s. m. Sorte de crêpe très-épaisse qui forme la base de la nourriture habituelle des paysans.

Matolla s. f. Boule de neige. Neige qui s'attache aux chaussures.

Matollâ v. n. Faire des boules de neige.

Maton s. m. Tourteau de suif et de son pour engraisser les porcs. *Pan maton*, pain fait avec le marc des graines d'où l'on extrait de l'huile. (D. C. *matonus.*)

Matrouillî v. n. Mâcher, manger.

Mâtru adj. Malôtru, chétif.

Matte s. f. Echeveau, flotte de fil, paquet de chanvre peigné. (It. *matta*, *matassa*, écheveau.)

Matte s. f. Baguette de tambour, palette pour battre le beurre « *Qu'ei faut pâ tambourtó lo secours de duei mottes.* » Roq. Qu'il faut pour tambouriner le secours de deux ba-guettes.

Maulou adj. Maudit. « *Maulou seit lou jour,* » maudit soit le jour.

Mautraire v. n. Etre malheureux, ennuyé ; avoir de la peine.

Maze, Mazotte, Mazua, Moseille s. f. Fourmi. (Allemand *ameise*, B. *merienen*.)

Mazoutî s. m. Nid de fourmi.

May adv. Davantage, et aussi, plus. (Lat. *magis*, B. *may*.)

Mayéri s. f. Chêne, arbre. Grosse poutre de plafond. « *Vou ne ley veut ni planchi ni mayéres.* » Ch. On n'y voit ni plancher ni plafond.

Mayeri s. f. Tas d'échalas, piquets pour les ceps. Ce mot se retrouve dans des actes de la fin du XIIIe siècle.

Mayliana. Miliana s. f. Peau d'anguille qui réunit les deux parties de l'*écousson* ou fléau ; toute sorte de corde. Nous trouvons ce mot dans Rabelais : « *Force vent à travers les méianes,* c'est-à-dire à travers les cordages. (Pantagruel, livre v, p. 83.)

Maynat s. m. s. f. Enfant. La *maynat*, la famille, la jeunesse, la troupe. Voir Chéruel : *mesnage, mesnil,* maison entourée de terre ; *meignie, mesnie,* suite d'un seigneur, de *arimania.* (It. *masnada,* Esp. *manada,* rom. *magnat, maynat,* toute espèce de réunion et plus généralement la famille, la tribu. Quelques-uns le font dériver du latin *mei nati,* mes enfants.

Meclâ v. a. Mêler, mélanger. « *La seigla s'eit méclo parmei noutron fromeint.* » Roq.

Meclia, Meclali s. f. Fourrage, mélange pour les bestiaux. Mélange de grain. Le second mot signifie particulièrement mélange frauduleux dans la marchandise. (Esp. *mezclar.*)

Méjournâ v. n. Dîner, faire le repas du milieu du jour.

Meichâ v. n. Réussir, aboutir. « *Te n'as pas ben mechu,* » tu n'as pas réussi.

Melliac s. f. Bouillie, marmelade, purée.

Melloye s. f. Carex, *herbe.*

Menétrâ v. a. Tremper et préparer la soupe. (It. *minestrare,* dresser le potage.)

Menuses s. f. pl. Choses de peu de valeur. *Menues* parties du cochon : côtelettes, queue, oreilles, etc. Lorsqu'un chef de famille tue un porc, il invite les jeunes gens qui

font la cour à ses filles, à venir manger les *menuses* et *boire
sur le doux*. (It. *minuzzane*, fragments, morceaux.)

Mento, Montœu adv. Peut-être.

Mepole s. f. Nèfle. (It. *nespola*.)

Mère v. a. Moissonner. (Lat. *metere*.)

Mesaêre s. f. Fourmilière. On dit d'un enfant qui a des
poux : *Vou est una mesaére*.

Mesî v. a. Couvrir, remplir.

Messageou s. m. Domestique, valet.

Messie s. f. On nomme ainsi la réunion de 10 ou 15
tresses de chanvre ou *battaos*.

Messolar s. m. Sabot d'un animal.

Meta s. f. Borne, but. (Lat. *meta*, It. *meta*.)

Meta s. f. Moitié. « *Un ànon de méta n'est jamais bien
bàtot.* » Un âne qui a deux maîtres n'est jamais bien bâté.
— « *Parlà meta Dio, meta diablou,* » parler moitié français,
moitié patois. (It. *meta*.)

Metiara s. f. Farce, bagatelle, jeu.

Metie s. m. Ancien nom du boisseau. (Lat. *metior*, mesurer). D'où vient le mot de métérée, mesure de superficie,
étendue de terrain que l'on peut ensemencer avec un boisseau. Il y a la métérée ordinaire et la métérée large.

Meya. Meilli s. f. Meule de foin, de blé, etc.

Meytan. Mitan s. m. Milieu. « *Au mitan dou chamin
accule à cacasson.* » Roq.

Mezère s. f. Suint de laine des moutons.

Mian-valët s. m. Second valet d'une ferme. *Moyen-
valet*.

Miarle s. f. Bille ou cognet de tabac à chiquer.

Migeari s. m. Pillard, vaurien.

Migotte s. f. Fraise. Voir *Mailloussa*.

Migouri s. m. Cerises cuites avec de la farine entre deux feuilles de choux. Très-usité à Boën, Saint-Germain-Laval, etc.

Mingolët adj. Chétif, grêle. (It. *minghorlino*.)

Miôletta s. f. Ventre de chevreau. Presure. Voir *Quai*.

Miôsâ v. a. Pincer, serrer.

Mira. Mioura s. f. Anesse, mule.

Miraillët s. m. Tiercelet, petit oiseau de proie.

Mitâtu s. m. Jeu cité par Chapelon : *Mistatu, qu'as-tu?*

Mogeâ v. n. Creuser, fouir en parlant des taupes, des porcs, etc.

Môille s. f. Remous d'un fleuve. Câble.

Môlâ v. a. Lâcher, laisser, abandonner.

Mollard s. m. Tertre, remblai, éminence, colline. D'où les noms propres : *Mollard, Dumollard*, etc.

Mollon s. m. Mie de pain.

Mondament ad. *Tant mondament que seye*, si peu que ce soit; *tout mondament*, très-peu.

Moreilli s. f. Rond en osier dans lequel on place la cheville d'un timon.

Morinou. Moreilli adj. Noiraud. On dit un cheval moreau. (It. *morato, morello*.)

Morlietâ v. a. Espionner, épier. Voir *Mourliet*.

Motta s. f. Jeu. *A la motta* ou *à la tape; la motta a cachi* ou *l'atapa*, ou *la reconduille*.

Motta s. f. Revanche.

Motta-prey s. f. Même jeu que la *motta*. Ce mot signifie tapé, pris.

Mottella. Moterla adj. Blanc. *Una vachi moterla*, une vache blanche. Nous trouvons dans un compte de dépense des comtes de Forez reproduit dans *l'Histoire des* *dues de Bourbon et des comtes de Forez* de La Mure : *blio vin egre moterle,* vinaigre blanc.

Mouaêre s. f. Sel, saumure.

Moucherand s. m. Cépage, sorte de raisin noir plus court que le gâmé ; les *mouches* l'affectionnent à cause de sa douceur.

Mouchon s. m. Bout d'un câble, d'une mêche, d'une chandelle. (Esp. *moco,* It. *moccolo,* lumignon, champignon au bout d'une chandelle.)

Moudâ v. n. S'en aller, partir. Ce mot appartient aussi aux patois bressan, savoyard, etc. (Lat. *moveo,* se mouvoir : *mutare,* changer *de lieu.*)

Moué s. m. Battoir pour laver le linge.

Mouéni s. f. Toupie. (Rab. parle du *moine* et de la trompe, dans sa nomenclature des jeux de Gargantua.)

Mouenou s. m. Morceau de fer chauffé placé dans une boîte de bois, pour réchauffer les pieds.

Mouffle s. m. Soufflet. D'où *camoufflet.*

Mouyre, Mouge, Mouldre v. a. Traire les vaches. (Lat. *mulgere.*)

Mouille s. f. Endroit marécageux.

Mouillœres s. f. pl. Pluies, humidité. « *Les mouillœres fant puri les triffes,* » l'humidité fait pourrir les pommes de terre.

Mouna s. f. Guenon, femme laide, vieille vache. (Esp. *mona,* It. *monnino.*)

Mouneiri s. f. Tanière, cabane.

Mouneiri, Môgni, Mâni s. m. Hanneton-foulon, *insecte.* Littéralement hanneton-*meunier* ou plutôt voir *Mâgni,* vers.

Moural s. m. Visage, figure. (Esp. *moro,* Rab. *mourre.*)

Mouret. More adj. Noir, tirant sur le brun.

Mourgà v. a. Réprimander, tancer.

Mourichi adj. Brun.

Mourillà v. a. *Mourillà un cayon,* c'est lui mettre un clou ou un anneau dans le groin pour l'empêcher de fouiller la terre.

Mourïn s. m. Petit insecte, espèce de charançon.

Mourina s. f. Poussière du crin et de la laine.

Mourlyà v. n. Mâcher.

Mourliët s. m. Cafard, blatte. *Appinche-mourliet,* espion qui écoute aux portes.

Mournaches s. f. pl. Tenailles de forgeron.

Mourtaisi. Mourti s. m. Mortier à piler le sel, les aulx ou ails, etc. Le proverbe *lou mourti sint lous aux* équivaut au proverbe français : Bon chien chasse de race.

Moussella s. f. Plante des prés dont les feuilles ressemblent à celles du pissenlit.

Moutiala s. f. Belette. (Lat. *mustella.*)

Moutte adj. Une chèvre moutte est une chèvre sans cornes.

Movible adj. Meuble, facile à remuer, en parlant d'un terrain. (Lat. *movco.*)

Mua s. f. Catastrophe, malheur.

N

Nadre. Nare adj. Lâche, sans courage. (D. C. *natrix.*)

Naisâ v. n. Rouir le chanvre. (D. C. *noez,* S.)

Naôte. Narse s. f. Fondrière, marais, tourbe, prairie

marécageuse dans les hautes montagnes. (C. *naute*, lieu aquatique, sol mouvant.)

Naquerot, Nambot s. m. Nain, petit homme.

Neflâ (se) v. p. Se porter. « *Au ne se nefle pas ben*, » il ne se porte pas bien, il couve une maladie. C'est un des rares mots patois qui expriment un état physiologique.

Neiri s. f. *Littéralement* noire. Mais ce mot a une foule de significations : paresse, flânerie, puce et surtout bouteille. Le peuple de St-Etienne et des environs ne nomme jamais une bouteille autrement qu'*una neiri*. « *Oh ! frâre, payis-tu una neiri?* » La chanson de Babochi, intitulée *la Neiri*, est un petit chef-d'œuvre.

Nengun pr. imp. Quelqu'un, personne.

Nessi adj. Imbécile. ignorant. (Lat. *nescius*, Esp. *necio, necia.*

Niat, Niron s. m. Œuf que l'on laisse dans les nids des poules pour les faire pondre.

Niat, Niatâ s. f. Nichée, troupe. *Niat d'Abram* se dit d'une famille nombreuse (comme celle d'Abraham), mais avec l'idée de voleur, en souvenir des juifs.

Nieu s. f. Neige. On dit plus généralement l'*huvar* pour la neige elle-même. (Esp. *nieva*, It. *neve*.)

Niô-ben adv. Même, peut-être bien. *Niô* seul, signifie seulement, pas.

Niôle, Nûble s. f. Nuage, brouillard, nuée. (It. *nebula*, Esp. *niebla*, Lat. *nubila*, B. *niül*, G. *nial*, etc.) « *Les niôles s'accatount*, » les nuées s'abaissent, le brouillard traîne.

Nopolle s. f. Nèfle.

Nôque s. f. Chouette. (Lat. *noctua*.)

Novia, Niova s. f. Fiancée, mariée. (Esp. *novia*, du lat. *nubere*.)

Nourrain s. m. Carpe pour empoissonner les étangs. Le *nourrain* est plus gros que la *feuille* ou menu fretin. Petit cochon de lait.

O

O, Au prép. Avec. Voir *Au*.

Obroumâ v. a. Ecraser.

Ogment s. m. Augment, acquêt. On nomme *ogment*, dans les anciens contrats, les acquisitions faites pendant la durée du mariage. On lit dans Ch. « *L'ogment et la varcheri*,» la dot et les acquêts.

Ollagni s. f. Noisette. Voir *Aulagni*.

Omase s. m. Ancienne redevance mentionnée dans les terriers ; un des quatre ventricules des ruminants. (Lat. *omasum*.

Omi excl. Non, certes ! bah ! hélas ! (It. *oimé*.)

Ondressâ v. a. Parer, préparer. (Angl. *dress*.)

Ongletta s. f. Dé en fer blanc, à l'usage des brodeuses au tambour. Ongle, griffe.

> « *J'ai encore l'onglette*
> « *De ma jolinette, etc.* » (Chanson.)

Onté, Vonté adv. Où, d'où. (It. *onde*, Esp. *onde*, du lat. *unde*.)

Onzaère s. f. Ce mot est usité dans la locution proverbiale ; prendre des *onzaères*, s'enhardir, prendre courage. (De *oser*?)

Onzœre s. f. Cheville pour retenir l'essieu d'une roue.

Ores, Iores, Voures adv. Maintenant. *Tot oures*, tout de suite. (It. *ora*.)

Orlon s. m. Bord, tour. (It. *orlo.*)

Orniquet adj. Bête.

Ouche s. f. Coche pour le pain.

Ouche, Houche s. f. Bonne terre.

Ouillâ v. a. *OEiller* ou remplir un tonneau jusqu'à la bonde ou *œil*.

Oula, Oura, Ura s. f. Marmite, pot de terre. D'où St-Bonnet-les-Oules. (Esp. *olla*, Lat. *olla*.)

Oura s. f. Bien, ce que l'on possède.

Ouragni, Outagni s. f. Grosse noisette.

P

Pâchi s. f. Marché, convention. (Lat. *pactum*.)

Pagnotte s. f. Espèce de gâteau, dans lequel on fait entrer des feuilles de buis béni et qu'on donne aux bestiaux quand ils sont malades.

Paillat s. m. Corbeille en paille tressée pour mettre le pain.

Pailletta s. f. Sorte d'échelle couverte de paille, sur laquelle on met sécher les fromages.

Paisset, Paisseau s. f. Echalas pour la vigne. Autrefois on disait *pel de vigne*. (Lat. *paxillus*, de *palum*; C. *peyssel*.)

Palantre adj. Lent.

Palar s. m. Sorte de pioche plate.

Paleingun adj. Ivrogne, vaurien.

Paleyâ v. n. Souffrir, pâlir.

Paleyî v. a. Remuer comme avec une *pelle*.

Paleyri s. f. Pelle de boulanger, barre de bois, digue, pierre. (D. C.)

Paluetta s. f. Courbette, culbute.

Pan de llôra s. m. Littéralement *pain de lièvre*, espèce de trèfle salé ; laiteron, *plante*. (It. *palazzo di lepre*.)

Panâ v. a. Essuyer. On disait encore au XVIe siècle un *pannemains* pour un essuie-mains. (Lat. *pannus*, haillon.)

Pandoeri s. f. Ravin.

Panlada s. f. Espèce de beignets faits avec de la farine de maïs.

Panoussa s. f. Torchon. *Au fig.*, c'est une expression de mépris pour désigner un homme sans énergie.

Pantre s. m. Paysan.

Papa s. f. Bouillie.

Paparaut, Paparauchi s. m. s. f. Epouvantail, fantôme, moine-bourru. (B. *papa*, It. *pappa*.)

Paraphique adj. Estropié, paralytique.

Parbouchâ (se) v. n. Se bien nourrir, bien vivre.

Parçon s. m. Portion, part.

Parey s. f. Muraille. (Lat. *paries*, d'où *paroi*.)

Parfouillet s. m. Sorte d'œillet à fleurs blanches ou jaunes, à mauvaise odeur, qui croît dans les prairies. On le nomme aussi *bouquet de grôles* ou de corbeaux.

Parpaillon s. m. Papillon. (It. *parpaglione*.)

Parpin s. m. Dalle, pierre tombale.

Parrasina s. f. Corruption de *poix-résine*.

Parse. Parsi s. f. s. m. Pêche, pêcher (qui nous vient de la *Perse*).

Partaere (à) loc. adv. Morceau par morceau.

Partelet s. m. Couteau de cuisine pour partager la viande.

Partusot-sa adj. Troué. Du vx fr. *pertuis*, trou.

Parvondella s. f. Espèce de gâteau rond.

Passagrand s. m. Mesure pour le vin.

Passerat s. m. Moineau, passereau.

> « *Vou est lou curot de vez Lapra,*
>
> « *Aul a pardu soun passerat,*
>
> « *Ah! marluron, lurette, etc.* » (Chanson).

Passerella s. f. Sorte de gros moineau qui niche dans les clochers.

Pastonnade s. f. Carotte. (It. *pastinana*.)

Patella s. f. Bouillie.

Patella s. f. Ecuelle. (C. *padelle*, poêle, casserolle; It. *padella*.) — (Conrad Strildiot : « ..... *Vellem commede-retis ex vestrá patellá, quod supponeretis vestram mulierem, et permitteretis me commedere ex meá patellá, id est sinere-tis me eam tangere.....* »

Patet, Patetta adj. Lent, mou.

Patouna s. f. Petit pain fait avec les râclures du pétrin.

Patte s. f. Guenille, chiffon. (Très-usité à Lyon.)

Pattère s. m. Marchand de guenille, chiffonnier.

Pattin s. m. Linge, torchon.

Pau s. m. Planche, piquet pour porter un baquet, une benne. (Lat. *palum*.)

Paura, Paurassi s. f. Frayeur, panique, terreur. Les vieillards parlent encore en frémissant de la *paurassi* de 1793. « *La paurassi, déjo, me séche comme in aclou.* » Ch. (It. *paura*.)

Pêcheron s. m. Marais, pré humide.

Pêchie, Pêchoire s. f. Réservoir d'eau, petit étang.

Peçon s. m. Petit morceau de fer au bout d'une toupie.

Pecou s. m. Manche de bois, pied de table, de chaise. (Columelle emploie le mot *pecollus* dans le même sens.)

Pège, Pegolle s. f. Poix, résine.

Pejat, Peju s. m. Savetier, à cause de la *pège* dont il se sert.

Peilla s. f. Guenille, lambeau d'étoffe. *Au fig.*, femme déguenillée, de mœurs équivoques. On disait autrefois une *peille de terre*. (D. C. *peria terræ*.) — (C. *pilleun*, guenille.)

Peillant, Peillandrot adj. Vagabon, vaurien, qui traîne les *peilles*.

Peillon s. m. Pan de chemise, d'habit.

Pelailli s. f. Canaille. (D. C. *pelagia*.)

Pelat s. m. Vaurien, canaille.

Pelaut s. m. Jeu du papegai ou perroquet.

Peliœures s. f. pl. Franges, bout de ruban sans trame. Filet que l'on place devant les yeux des chevaux, des bœufs.

Pelions s. m. pl. Cils des paupières.

Peliounâ v. n. Cligner fréquemment les yeux.

Peliuchi s. f. Poil.

Pella s. f. Truie.

Pellouzella s. f. Petite châtaigne commune à Chuyer, Pavezin, Pelussin, Maclas, etc.

Pelot s. m. Enveloppe dure des fruits. D'où le verbe *depelottâ*.

Peloussi, Pialoussi s. f. Prunelle des haies. On s'en sert dans les campagnes pour faire de la piquette. « *N'en volou rai d'iquai vin de pialoussses.* » (Vieille chanson.)

Peloussî, Peloussat s. m. Arbrisseau, buisson qui produit les pelousses.

Penard adj. Vieux radoteur. « *Gros vioa père penard, que barboutas vou iqui?* » Ch. A. Ce mot se trouve dans Rabelais. Un commentateur le traduit par *vieillard usé*, et ajoute : *Les poignards étaient passés de mode au XVIe siècle.*

Per s. m. Maître, monsieur. Au Moyen-Age, ce mot signifiait seigneur, baron, *pair*.

Per s. m. Chaudron qui sert de foyer aux bateliers du Rhône. (C. *pairr.*)

Perat s. m. Caillou, pierre, morceau de charbon.

Pereiri s. f. Mine, carrière.

Pereyou s. m. Mineur.

Perolî, Peroroux s. m. Chaudronnier. (De *per.*)

Pérolla s. f. Chaudière. *Faire pérolla*, faire cuisine. (D. C. *parolla*, Auv. *peyror*, C. *peyrol.*)

Pessi s. f. Barre de fer, levier, pic.

Petâ-liôre s. f. Terme de mépris pour désigner une mauvaise terre, un champ inculte (*péte-liévre*). On dit aussi dans le même sens *tarra de champétiôla*.

Petaoto s. m. Sabot (*onomatopée.*)

Petas s. m. Morceau d'étoffe, pièce. (Esp. *pedazo.*)

Petassâ v. a. Raccommoder.

Peté s. m. Pilon pour mortier.

Péterat s. m. Pot en grès pour mettre le vin.

Petiôtounâ v. n. Faire des enfants.

Petras, Petrassat s. m. Lourdaud, grossier, paysan.

Peuchi s. f. Couteau.

Peula, Beulâ v. n. Se gonfler par l'humidité. Se dit du blé mouillé qui germe avant d'être levé, après la moisson.

Peu-sans adv. prép. Ensuite, après.

Peylat s. f. Fricassée, poêlée.

> « *Catharina,*
> « *Barba fina,*
> « *Quio gras,*
> « *Vira la peylat.* » (Ronde.)

Peytâ v. a. Attendre. Voir *Appeitâ*.

Pezetta s. f. Pois.

Pezetta s. f. Flocon de neige.

Pialun s. m. Mauvaise herbe qui croît dans les terres, dans les vignes (*equisetum ervale*).

Piassâ v. a. Piocher.

Piassi s. f. Pioche à deux becs pour *essarter* les prés. *La piassi-jaillé* est le jalé (voir ce mot). *Le pi-piassi* a l'un des becs en forme de pie. (D. C. *piasse,* sorte de hache.)

Piat s. m. Morceau d'étoffe, employé dans le sens de pièce qui en est dérivé.

Piat s. m. Trace. *La piat d'una liòra.* (It. *piota,* plante du pied.)

Piatâ v. n. Marcher.

Piata adj. Pelé. « *Piata sus lou crânou,* » chauve.

Picarlat s. m. Cotteret, paquet de menus morceaux de bois (très-usité à Lyon).

Picarlous adj. Chassieux.

Picarle, Piquerle s. f. Chassie, humeur des yeux.

Picaronio, Piqua-Rognon s. m. Jeu très-ancien, connu dès le XIVᵉ siècle sous le nom de *piqueromier.* (D. C. *pica.*) Voici en quoi consiste ce jeu. Les enfants se placent en cercle ; l'un d'eux, armé d'un petit piquet de bois, tourne tout autour en chantant : « *J'ai perdu la couévette.* » Et il laisse tomber le morceau de bois derrière l'un des joueurs. Celui-ci poursuit le premier en le piquant dans le dos, jusqu'à ce qu'il ait pris sa place dans le cercle, et recommence à son tour le même manége. Si celui derrière lequel est le morceau de bois ne s'en aperçoit pas, l'autre, au tour suivant, le ramasse et en pique le joueur distrait en le poursuivant jusqu'à ce qu'il ait retrouvé sa place. *Picaronio* est employé familièrement pour nez.

Piclâ v. a. Se diriger vers..., tomber sur..., rencontrer.

Pi-Côte s. f. Courte-échelle. Faire *pi-côte*, aider quelqu'un à grimper sur un arbre ou un mur en lui faisant un étrier avec les mains croisées.

Picou s. m. Pedoncule, tige des fleurs, des fruits.

Pidanchi s. f. Portion de viande, ce que l'on mange avec le pain. (Au Moyen-Age, *portion monacale*.)

Pidanchî v. n. Ménager sa portion en mangeant du pain.

Pi-de-Gorrhe s. m. Pic en fer pointu pour arracher les pierres, le gorrhe.

Pigna-Griva s. m. Avare. Littéralement *peigne-grive*. On dit aussi *ecorcha-pœu*, écorche-poux.

Pignère s. m. Peigneur de chanvre. A Montbrison, la rue Simon-Boyer n'est connue que sous le nom de rue des *Pignères*.

Pignorchi s. f. Femme délicate, de goût difficile.

Pignorchâ v. a. Eplucher.

Pignoula, Epignoula s. f. Douelle de tonneau cassée.

Pije adj. Pie, tachetée, en parlant de la robe des vaches.

Pillaraut s. m. Chiffonnier. (B. *pillawer*.)

Pilliot s. m. Poussin, poulet. (Lat. *pullus*.)

Pimpâ v. a. Etre élégant, d'où *pimpant*.

Pinada s. f. Bois de pins.

Pinateau s. m. *Même signification*.

Pineau s. m. Sorte de Cépage. Liqueur faite avec du vin-cuit et de l'eau-de-vie. (D. C. *pignolus*.)

Pingouilli s. m. Etui (d'*épingle*).

Pinsiricotin s. m. Jeu cité par Chapelon.

Piocella s. f. Pucelle. Nom donné à la reine de mai, remplacée quelquefois par un jeune garçon, que l'on nomme *piôcet*.

Piôlâ v. n. Crier comme un poulet.

Piôsa, Piôson s. f. s. m. Puce, puceron. Terme de commisération en parlant d'un enfant chétif.

Piôtre s. f. Boue. Ce mot est usité dans les chroniques du xiiie siècle.

Piquet s. m. Pomme de pin. Voir *Belot, Chiôrella*, etc.

Piquœre s. f. Corsage *piqué*, vêtement de femme.

Pirailli s. f. Fête, réjouissance.

Piro-Glorioux, Piarre-Loriaôt s. m. Loriot, oiseau.

Pisâ v. a. Piler, écraser. (Lat. *pinsere*.)

Piseron s. m. Pilon à mortier.

Pisé s. m. Mur en terre. Ce genre de construction est très-usité en Forez.

Pistolla s. f. Monnaie nominale valant dix francs. (Esp.)

Pistolla s. f. Mouche de barbe, impériale.

Pitrougnâ v. a. Manier, pétrir.

Piva s. f. Pioche longue et étroite pour le jardinage.

Piva s. f. Tronc d'arbre, tige.

Piva, Pivolla s. f. Peuplier, arbre.

Plan s. m. Œuvre, la partie la plus fine du chanvre filé.

Planard adj. De la plaine. Les habitants de la plaine de Forez se nomment aussi *ventres-jaunes*.

Planat s. m. Plateau sur une montagne, endroit plane.

Plançon s. m. Epieu, branche d'arbre.

Planc s. f. Traîneau chargé de pierres pour herser la terre avant d'ensemencer.

Plâtre s. m. On nomme ainsi dans presque tous les

villages du Forez la place qui est devant l'église. Il y a aussi à Lyon la place du Plâtre, près l'église St-Pierre, qui est probablement le plus ancien temple de la ville. (Lat. *platea*.)

Platte s. f. Petite perche (poisson).

Playuri s. f. Cheville du timon d'un char.

Plongeon s. m. Meule de gerbes.

Plot s. m. Tabouret, billot de bois.

Plotâ et **Deplotâ** v. n. Placer ou enlever les *plots* placés sur la table d'un pressoir.

Plotta s. f. Patte d'animal.

Poche s. f. Grande cuiller.

Pœretta s. f. Grande chaudière.

Pogna s. f. Espèce de gâteau, de beignet. (D.C. *expogna*.)

Pompa s. f. Petit pain rond fait avec du froment. (En Auv. *poumpa*.)

Ponâ v. a. Apporter, déposer.

Popelou s. m. Bout du sein. (It. *papilla*.)

Popiau s. m. Pis d'une vache.

Porchaud s. m. Celui qui *habille*, qui châtre les porcs.

Porchet s. m. Porc frais.

Porchetâ (se) v. p. Se brûler.

Portificat s. m. Embonpoint, santé.

Possî v. a. Téter, boire.

Possi-Vachi s. m. Gros crapaud qui, dit-on, tète les vaches.

Potâ v. a. Pétrir, machiner. « *Potâ de brioches*. »

Poteiri s. f. Machination, projet. Littéralement *pâtière*.

Pou s. m. Bouillie.

Pouâ v. a. Tailler la vigne, les arbres, etc. (Esp. *podar*.) Le mot *pouer* la vigne est employé par La Mure, au xviie siècle. (It. *potare*, tailler.)

Pouchon s. m. Petite enveloppe des fuseaux de den-tellières, pour garantir le fil. Cette enveloppe est en corne, en carte ou en écorce.

Pouézâ v. n. Enfoncer dans l'eau, dans un marais.

Pouezœre s. f. Marais, citerne.

Poulati s. m. Jeu de cartes, nommé aussi *tibi*, cité par Ch. et que l'on jouait autrefois en carême.

Pouli adj. Joli, gracieux. (En Langued. *poulido*.)

Poumati s. m. Pommier sauvage.

Poumentâ v. a. Epargner, ménager, diminuer. Ce mot est l'opposé de *aug*-menter.

Poupa s. f. Pousse de vache. (It. *poppa*, mamelle.)

Pourpu, Porpu adj. Gros, obèse.

Pousseiri s. f. Paillasse.

Poutet s. m. Cruche, vase pour mettre l'eau. (G. *pata*, vase, vaisseau.)

Pouyâ v. n. Monter. (It. *poggiare*.)

Pouyau s. m. Monceau, tas.

Pouzi, Pouezaere s. m. s. f. Sorte de cuiller en bois de forme particulière, pour *puiser*.

Pouzouera s. f. Seau en bois pour l'eau, seille.

Poy, Pœu, Puy s. m. Montagne, sommet. (C. *peuch*, It. *poggio*, colline, montagne.) D'où les noms propres : *Puy, Dupuy, Poy, Poyard, Poyet, Delpeuch,* etc.; *St-Romain-le-Puy*, près Montbrison, le *Puy-de-Purchon*, à Chandieu.

Poyet s. m. Eminence, petite montagne. Il est à remar-quer que le mot celtique *poy* a fourni les dérivés correspon-dants à ceux du mot français mont : *poy*, mont; *poyet*, mon-tagne; *poyau*, monceau; *pouyâ*, monter.

Pranière s. f. Dîner des cultivateurs qui a lieu dans la matinée. (Lat. *prandium*, G. *preiniau*, prendre son repas.)

Praniéron s. m. Sieste après le repas.

Praôt s. m. Homme de confiance, expert.

Prime adj. Mince. Lèvres *primes*, lèvres minces (Lyon.)

Prin adj. Mince, fin.

Prin adv. Doucement, d'une façon parcimonieuse. *Grand filo prin*, qui file doux, lâche.

Prôla s. f. Partie de la charrue. (Bresse, *prôlure*.)

Prou adv. Assez (vx français).

Pua s. m. Pioche à deux dents pour enlever le fumier.

Puble s. f. Peuplier (arbre).

Pude s. f. Huppe (oiseau).

Pudonchi s. f. Sorbe, corme.

Pudon, Pudre s. m. Sorbier, cormier.

Pugnatâ v. a. Donner une poignée de main.

Punassi s. f. Excrément des poules, des dindons, etc.

Puncillon s. m. Pièce de bois dans une charpente. Voir *Chorire*.

Putafinâ v. a. Perdre inutilement.

Putsïn s. m. Pièce de bois sur laquelle on place les tonneaux, dans une cave.

Q

Quadrette s. f. Jeu de cartes, à *quatre*, que n'ont pas encore détrôné le bézigue ou le piquet.

Quadruple s. m. Décime, gros sou. Le *quadruple* vaut quatre *dardennes* ou pièces de 2 liards.

Quafî, Cafî v. n. Etre couvert de fruits ou de fleurs, en parlant d'un arbre.

Quaisî (se) v. p. Se taire. (Rom. *se coiser*, se tenir *coi*.)

Quant adv. Combien. « *Quant de ceys?* » Combien de fois ? (Lat. *quanti.*)

Quarre v. a. Chercher. (Lat. *quærere.*)

Quartalée s. f. Mesure de surperficie, qui vaut quatre cartonnées.

Quay s. m. Vessie de chevreau qui sert à cailler le lait, presure. (Esp. *quœso*, fromage.) Voir *Miöletta*.

Queux s. m. Pierre à aiguiser. (Lat. *cos.*)

Quichon s. m. Tas, monceau. Voir *Curbon*.

Quignon s. m. Morceau, croûton de pain. (Lat. *cuginus*, coin, angle.)

Quigne-Cuve s. m. Hoche-queue (oiseau).

Quinâ v. n. Grogner, en parlant des porcs, grincer. (C. *keinâ*, gémir.) « *Lo pavé n'ein flammette et fut quinâ l'essi.* » Roq.

Quinet s. m. Jeu qui se fait avec un morceau de bois taillé en pointe aux deux extrémités. En frappant sur une des pointes avec un autre morceau de bois, on lance le *quinet* en l'air et on le rejette comme avec une raquette. (Vx fr. *quinette*, bâton noueux dont se servent les vieilles gens pour se soutenir.)

Quinquaïna s. f. Fête d'une ville, d'un village où l'on jouait peut-être jadis à la *quintaine*. Voir, dans Chapelon, les descriptions de la *quinquaïna* de Villars, du *Pelant* du Chambon, du *Charguet* de St-Chamond, etc.

Quinson, Quissu s. m. Pinson (oiseau).

Quioâ v. a. Creuser.

Quiolasson s. m. Caleçon, pan de chemise, coussin pour s'asseoir.

Quore, Quière excl. Cri pour appeler les pourceaux. (Gr. *coros*, porc.)

R

Rabat s. m. Tapage, tumulte. Voir *Tarrabat*. Le rabat des ténèbres, le Vendredi-Saint.

Rachat s. m. Appeau.

Rachi s. f. Teigne. (Esp. *rascar*, gratter; C. *rach*, teigne; It. *raschia*.

Raclet s. m. Outil.

Raclorou s. m. Ramoneur, noircau (terme de mépris).

Radissi s. f. Gâteau, brioche.

Radoueiri s. f. Femme de mauvaises mœurs. (B. *ridourés*.)

Rafardaille, Rafataille s. f. Débris, chose de peu de valeur.

Rafaud s. m. Seconde couche de houille au-dessous de la *maréchale* et au-dessus de la *bâtarde*.

Rafet s. m. Catarrhe, toux.

Rafet, Rafolla s. m. s. f. Conte, radotage.

Rafetâ, Rafoula v. a. Radoter. Ce mot avait jadis le sens de rapiécer, raccommoder.

Rafouloux adj. Radoteur.

Rage s. f. Racine d'arbre, souche. (Esp. *raiz*, D. C. *racha*.) D'où les noms propres : *la Rajasse, Rajat*, etc.

Ragier s. m. Celui qui arrache les souches d'arbre.

Ragueiri s. f. Rapière, épée.

Railli, Râli s. m. Feu de joie qui se fait le Mardi-Gras et le dimanche des Brandons. Les Gaulois allumaient des feux sur les montagnes, en signe de ralliement. (D. C. *farassia*, faire un *raz*.)

Raive. Rouve. Roure s. m. Chêne.

Ramâ s. f. Ondée de pluie. (C. *ram*, averse.)

Ramat. Ramaé s. m. Racloir pour le pétrin.

Râme s. f. Morceau de fer, espèce de râclette au bout d'un long manche pour les fours, les cheminées. Vx fr. *ramon*, d'où vient *ramoneur*.

Rame s. f. Fanes des plantes, des légumes.

Ramella s. f. Mauvais couteau. *Par terme de mépris*, femme de mauvaise vie. (Esp. *ramera*.)

Rampon s. m. Mâche, blanchette, sorte de salade (*valerianella olitoria*).

Ranchët s. m. Recrudescence de froid.

Rana s. f. Grenouille. (Lat. *rana*.) D'où les noms de chanteraine, etc.

Rangifranchi s. f. Jeu cité par Chapelon. Il consiste à disposer de certaine manière des cailloux sur un carré traversé par deux diagonales.

Ranquet s. m. Hoquet, râle, agonie. (It. *ranto*.)

Rapai s. m. Appeau.

Rapaux s. m. pl. Rameaux, buis, d'où les noms de croix des *Rapaux*, dimanche des *Rapaux*. Le mont d'Izoure fournit le buis à la ville de Montbrison, et il est toujours d'usage d'offrir au propriétaire des bois une *fourme* ou une *radisse* en échange de ses rapaux.

Rapili v. a. Ramper, parvenir en rampant.

Rat s. m. Caprice, fantaisie. (Ce mot est celtique.)

Rata-Baò s. m. Bugrane, arrête-bœuf, *plante* (*ononis spinosa.*)

Ratapenna s. f. Chauve-souris (rat à *pennes* ou plumes).

Rata-Voulagi s. f. Chauve-souris, rat qui vole.

Rat-Couerlo s. m. Écureuil. Dans le Berry, on dit *chat-écurieux*.

Ratella s. f. Foie des animaux, rate.

Ravanchâ v. a. Démancher.

Ravanchot adj. Tortu, estropié.

Ravat s. m. Mouton frisé à longue laine des montagnes du Forez.

Ravisset s. m. Roitelet, nommé aussi *chautagne, rei-petaret, rei-barthaud, rei-barnabet*.

Raz s. m. Ancienne mesure pour les grains. Un *raz* d'avoine, etc.

Razai s. m. Aiguillon, manche de bois.

Raze s. f. Sentier creux, rigole.

Raz-Ibut adj. Plein jusqu'au bord. (B. *rez-ribus*, bords d'une mesure.)

Razounâ v. a. Piocher la vigne, première façon de la vigne.

Razun s. m. Racine (Esp. *raiz*.)

Rebateiri s. f. Gaillarde, poissarde. (Esp. *rabanera*, poissarde.) — (D. C. au Moyen-Age, *rabater*, faire un bruit extraordinaire, de *rabat*, nom du lutin en Norwège.)

Rebateires s. f. pl. Les joues.

Rebotâ v. a. Rouler. « *Ein tabutant dous pids, rebote doux gros yos.* » Roq. En frappant du pied, roule deux gros yeux.

Reboula, Revolla s. f. Festin qui suit les moissons, la fenaison. Clôture d'une fête. La dernière gerbe de la moisson.

Reboulâ, Revoulâ v. a. Finir une noce. Regretter quelque chose, en être dégoûté.

Rebounâ v. a. Provigner la vigne.

Rebounaé s. m. Provin.

Reboutâ v. a. Remettre.

Rebusâ v. n. Radoter.

Rechavâ v. a. Creuser, déterrer. (Esp. *recavar*.)

Rechevà (se) v. p. Etre mal travaillé, en parlant d'un terrain.

Recondaille s. f. Cachette. (Lat. *abscondere*, cacher.)

Recotâ (se) v. p. Se blottir.

Recourâ v. a. Rattrapper, recouvrer.

Recrœure v. a. Dépasser, devancer.

Recuite s. f. Petit fromage blanc. (It. *ricotta*, fromage, lait de beurre.)

Recundre v. n. Résonner, quand on frappe sur quelque chose. (Lat. *cundere*, forger.)

Redein s. m. Saindoux.

Redondâ v. n. Résonner, retentir.

Redûre v. a. v. n. Accompagner, reconduire quelqu'un, s'en aller, s'en retourner. (Lat. *reducere*.)

Regonfe s. f. Abondance.

Regoubillonner v. n. Goûter, faire réveillon.

Reguinchî v. n. Se redresser, regimber.

Reilli s. f. Soc, tranchant de la charrue.

Rei-Pare-Grand, Reina-Mare-Grand s. m. s. f. Arrière grand-père, arrière grand'mère.

Rei-Petaret s. m. Un des noms du roitelet, roi-pétaud. On donne aussi ce nom au hanneton mâle dont le corselet est soyeux.

Rejonioux adj. Grondeur. (Esp. *regonar*, gronder; C. *regoni*, se fâcher.)

Rejotta s. f. Nasse en osier pour prendre le poisson. (D. C. *regetoore*, machine à prendre les oiseaux.)

Rejuint s. m. Tenir de rejuint, garder à vue, tenir serré.

Relevau s. m. Corset.

Remiageou s. m. Pélerinage. (R. *romi-vaige*, voyage à Rome.) On appelait jadis *romieux* les pélerins venus de Rome. (Esp. *romeria*, pélerinage ; It. *romeaggio*.)

Remissillî v. a. Froncer, rider, plisser. *Remissili lou nà*, froncer le nez. *Una pouma remissillia*, une pomme ridée.

Renna s. f. Grenouille. (Lat. *rana*.)

Rennâ v. n. Gronder, geindre.

Renna s. f. Plainte, gémissement.

Repellî (se) v. p. S'habiller de neuf.

Repouêtre s. m. Goûter, repas des paysans. (Lat. *repascere*.) Les habitants de nos campagnes suivent encore la vieille maxime :

> « *Lever à cinq, disner à neuf,*
> « *Soupper à cinq, coucher à neuf,*
> « *Fait vivre l'homme neuf fois neuf.* »

Repoussaô s. m. Perche garnie d'une roulette pour pêcher les grenouilles.

Resimolla s. f. Grappe laissée par les vendangeurs. (Esp. *racimo*, It. *racimolo*.)

Resimollâ v. a. Grapiller. (Esp. *racimar*, It. *racimolar*.)

Resouleiri s. f. Poêle trouée pour rôtir, *rissoler* les marrons.

Retirance s. f. Habitation.

Retraire v. n. Avoir de la ressemblance. « *Ma fenna que retrat de sa reina grand'mare.* » Ch. (It. *ritrare*, ressembler à...)

> « *Dau pie ou de l'épala,*
> « *Le poulin retrat de la cavala.* » Prov.

Retrat adj. Abandonné, mis de côté.

Retrat s. m. Rebut. (Lat. *retrahere*, mettre en arrière.)

Retroublâ v. a. Faire le premier labourage d'une terre.

Retrouble s. f. On nomme ainsi la seconde récolte d'une terre, la récolte alternée, quand il n'y a pas de jachère.

Reveillez s. m. Quête que faisaient jadis les jeunes gens en allant chanter devant les portes des chansons commençant ordinairement ainsi : *Réveillez-vous.*

Reviôre, Revûre s. m. Regain.

Revondre, Rebondre v. a. Couvrir, plonger. *Rebondu de fumi.* — *Rebondu de talents*, rempli de talents.

Revondre (se) v. p. Se plonger.

Revorgeâ (se) v. p. Etre dans l'abondance. « *Se revorgeá dins la piautre*, » se vautrer dans la fange.

Revorgî v. a. Chercher, déterrer.

Ricambolla s. f. Mûre des buissons.

Ricandaina s. f. Racaille, séquelle.

Rieusse, Ruisse s. f. Lien, hart, câble, corde.

Rigotâ v. a. Réchauffer.

Rigotta s. f. Voir *Recuite.*

Rignes s. f. pl. Crochets de portefaix.

Ringua, Ringalle s. f. Mauvais cheval, rosse, cheval de 24 sous. (Esp. *rengo*, éreinté.)

Rio, Ru, Rui s. m. Ruisseau. (Esp. et It. *rio*, C. *ru*.)

Riôte s. f. Querelle, dispute. *Charchá riôte.* On dit à Lyon *chercher garguille*. (B. *riota*, Angl. *riot*, It. *riota*.)

Riôte, Ariôte s. f. Lien, corde, branche de chêne. (D. C. *reorta*, Auv. *redorte*, coussin tortu ; du lat. *retorquere*.)

Rippa s. f. Fainéant, lâche.

Riqua s. f. Vieille vache.

Riquâ v. a. Encorner, heurter.

Risa s. f. Ruisseau, petit cours d'eau.

Rivari s. m. Tumulte. *Le rivari du monde.*

Rocha s. f. Milan, oiseau de proie qui enlève les poules.

Rogatous s. m. pl. Restes. Vx fr. corvée, reproche. Voir *Graton.*

Rolion s. m. Rond, cercle. « *Se tegni en rolion,* » se tenir courbé.

Rombenet s. m. Buis, rameau, *rain*-bénit.

Rompre v. a. Piocher la vigne (quatrième façon de la vigne.)

Ronchâ v. n. Grogner, bourdonner, ronfler. (Esp. *roncar.*)

Ronchon s. m. Ron-ron. (Esp. *roncon*, bourdon.)

Ronday s. m. Couteau de chasse.

Roua s. f. Roue, carton des dentelières, sur lequel se piquent les épingles.

Roubâ v. a. Voler. (It. *rubare.*)

Rouchain s. m. Festin, retour de noces.

Rougearon, Rougeret s. m. Petit fromage de brebis.

Rougni s. f. Gale. « *Charchi rougni,* » chercher querelle.

Rouillat s. m. Mauvais pré ennuyé par les joncs.

Rouillat s. m. Hutte mobile pour les pâtres dans les montagnes.

Roula s. f. Tas de foin.

Roupa s. f. Habit, casaque. « *Una roupa de filosella.* » Roq. — « *Duas ropas quarum una de veloux nigro,* » deux habits, dont l'un de velours noir. (Testament de Guy de Cousan, 14...).

Roure, Rouve, Raive s. m. Chêne. (Lat. *robur.*) D'où les noms propres : *le Roure, Duroure, Derory, Rouvre, Rouvray,* etc.

Roux-de-Liòra s. m. Cépage, raisin blanc et roux. Les *lièvres* et le renard l'arrosent, dit-on, en p...assant.

Ruarne s. f. Ronce, broussaille.

Ruisse s. f. Bâton.

Rulliard adj. Grognon, bourru.

Rullî v. a. Guetter du regard.

Rumâ v. n. Brûler, avoir un goût de brûlé en parlant d'un mets, et surtout du lait. On dit à Lyon *remuer.*

S

Sa s. m. Sapin.

Sabardïn ou **Sac-Mardïn** s. m. Saucisson fait avec le plus gros intestin du porc, et que l'on réserve pour le réveillon de Noël.

Sabessa, Tsabessa s. f. Frontal des vaches, des bœufs.

Sabouillat s. m. Bourbier, creux plein d'eau formé par le sabot des bestiaux.

Saboulâ v. a. Troubler, secouer.

Sade adj. Agréable au goût, sain. (Lat. *sadus.*)

Saé s. m. Ancienne mesure pour le vin, valant approximativement 20 litres.

Saetî, Sarra. Rassa s. f. Scie. (Auv. *rassa,* scie ; Esp. *serrar,* scier.)

Saêtre, Sceytre s. f. Faucheur.

Sagnat s. m. Petit pâquis marécageux près des fermes où l'on envoie paître les veaux.

Sagni, Saigne s. f. Prairie marécageuse, *saignée* par des rigoles. Tourbière. D'où les noms propres *Dessaigne, Lassagne, Sagnon*. (C. *sagne*, jonc de marais.)

Salâ (se), **Saler** (se) v. p. En celtique *sal* signifie sursis ; de là vient la locution des enfants au jeu : *Je me sale*, c'est-à-dire je me repose, je demande un sursis.

Salita s. f. Oseille.

Saluyard s. m. Variété de Cépage, raisin noir à grosses graines.

Sampa s. f. Femme de mauvaise vie (très-usité à St-Etienne.)

Sampanna s. f. Femme sans soin, sans ordre.

Sampeillâ v. a. Secouer, tourmenter.

Sandroillâ v. a. Tremper.

Sandroilli, Sandrouillon s. f. s. m. Qui lave la vaisselle, cendrillon.

Sangletta s. f. Petite sangle, jeu des enfants.

Sanillon s. m. Salière.

Sansoillî v. a. Même signification que *sandrouillâ*.

Sansotta s. f. Sangsue.

Saôme s. f. Anesse. On dit en français bête de somme. (Du saxon *saum*, fardeau.)

Saône s. f. Pièce de 10 centimes, décime (féminin de *sao*, sou).

Saqua, Sachon s. f. s. m. Poche, sac.

Saquâ (se) v. p. Se glisser, se faufiler à travers. « *Je me saquou à travars de tous lous mousquetairou.* » Ch.

Saqueyî (se) v. p. Se remuer, se démener. (Esp. *sacudir*.)

Sardeiri s. f. Petite cerise noire des montagnes. Voir *Jarbolla*.

Sardeiri adj. Noir, nom donné aux vaches.

Sarfusa s. f. Cerfeuil, espèce de sauce, vinaigrette.

Sarpantan s. m. Trompette que les enfants font avec des tiges d'oignon.

Sarpeliciri s. f. Guenille.

Sarpiassi, Sarpiasson s. f. s. m. Femme ou enfant qui se démène toujours, qui ne peut rester en place.

Sarrâ v. a. Fermer, ranger, renfermer. (Esp. *cerrar*, B. *serrà*, C. *ser*, fermer, clôre.)

Sarrâ v. n. Geler fort.

Sarra-Quio s. m. Eglantier, églantine (*rosa canina*).

Sarrasson s. m. Fromage fait avec du lait écrémé.

Sarrat adj. Ferme, solide. *Téta serra*, bonne caboche.

Saubre, Sœupre v. a. Savoir. L'infinitif *saubre* est peu usité, mais il a formé les temps suivants : *saubu*, su ; *que ji saubeissi*, que je sache, etc.)

Sautaret, Sautariot s. m. Sauterelle, jeu des enfants. Voir *Quinet*.

Sauteilli s. f. Petit ruban qui retient la quenouille à la poitrine des fileuses. Voir *Farmaillon*.

Sauvagina s. f. Bête fauve. (It. et Esp. *salvagina*.)

Savâ v. a. Dégager la Sève. Les enfants qui font des sifflets frappent avec le manche de leur couteau sur l'écorce pour la séparer du bois, et chantent en mesure ce refrain patriarchal :

> « *Sava, sava, quio de Madama !*
> « *Savassieu, quio de Monsieu !* »

Sayî v. a. Faucher, scier. (Esp. *Segar*.)

Sceytairo, Sarrou s. m. Scieur de long.

Sceytol s. m. Scie à eau.

Scbotura s. f. Repas après les enterrements. (Esp. *cebadura*, action de se nourrir.)

Segre v. a. Suivre.

Segrolâ v. a. Secouer, ébranler. On dit à Lyon *sigroller*. Au Moyen-Age, *escrouller* signifiait, non renverser comme aujourd'hui, mais simplement ébranler. Voir dans Rabelais l'épisode de la sorcière.

Seigne s. m. Monsieur, sieur. *Biau-seigne*, expression de pitié correspondant au *pecaire* des Provençaux, au *pore* des Bordelais, au *povero* des Italiens, etc.

Scilli s. f. Seau de bois. (C. *saill*, seau.)

Scillon s. m. Petit seau de forme particulière, pour traire les vaches.

Seipi s. f. Oignon. « *Chacûn frouttet ses dents de la quoua d'una seipi.* » Ch. (Lat. *Cepe*.)

Seit, Seize prép. Soit.

Sella s. f. Chaise.

Semounâ v. a. Offrir.

Semouno s. m. Sonneur, chantre d'église.

Senella, Cinella s. f. Fruits de l'aubépine. Petite graine de raisin.

Seniculâ v. n. Tourner une manivelle.

Sent adj. Fort, ferme, vigoureux.

Sequant pr. ind. Beaucoup, plusieurs. *Sequant de reis*, quantes fois.

Seque pr. ind. Ce mot n'a pas de correspondant en français. *Bailla-me sèque*, donnez-moi quelque chose. — *Et sèque par z'an bettâ?* et dans quoi faut-il le mettre ? — *Vou n'y o sèque*, il y a de quoi. — *Et sèque un àtou*, et aussi, de plus, une broche.

Sequouyo s. m. Panier à salade ; latte pour abattre les fruits.

Sequun, Sequuma. Certain. quelque, d'aucun.

Sereini s. f. Piége pour prendre les oiseaux. La *sereine* a la forme d'une raquette. C'est une branche d'arbre pliée en cercle et garnie de nœuds coulants en crins de cheval.

Séron adj. Entêté, dur.

Servante s. f. Sorte d'étrier en fer suspendu à la crémaillère, et sur lequel on pose la poêle.

Séterée. Septerée s. f. Ancienne mesure de superficie, valant 16 cartonnées.

Sétive s. f. Mesure de superficie pour les prairies, étendue qu'un homme peut faucher en un jour. La *sétive* vaut 4 métérées ou cartonnées.

Sétounâ v. a. Scier.

Seur, Sûr s. m. Aire à battre le blé. (Auv. *söhr*.)

Siclâ v. n. Crier, siffler.

Simon, Simousse s. m. s. f. Lisière de drap pour emmailloter les enfants, faire des bretelles, etc. (Esp.-catalan, *simosa*.)

Singletta. Tchingletta s. f. Clochette. (Lang. *esquinlo*, saxon *skilla*. Ce mot se trouve dans la loi salique.)

Siôrâ, Seberâ v. n. Neiger ou pleuvoir finement. (C. *sin*, neige ; *sior*, glace.)

Siora. Sibera s. f. Pluie mêlée de neige, giboulée. On dit le vent de la *sibere* pour la bise. (Auv. *isshira*, B. *chira*, vent impétueux et neige.)

Siot s. m. Tamis de crin.

Siot s. m. Maladie des pourceaux, grands poils qu'ils ont dans le gosier et que l'on extrait avec des signes de croix et des pincettes.

Sirignetta, Cirignetta s. f. Cime, sommet.

Sivâ v. a. Faucher, couper, scier.

Sochia s. f. Petite charrue.

Solle s. pl. Plante du pied.

Somma s. f. Anesse ; hotte. Voir *Saôma*.

Sortrui, Chatrouilli s. f. Petite lamproie (poisson.)

Souazi, Suerpa s. f. Femme de mauvaises mœurs, *terme de mépris*. Rabelais dit quelque part : *Tu seras damnée comme une serpe*. Ce que les commentateurs se sont empressés de traduire par *serpent*, personnification du diable. (Esp. *soez*, vil, abject.)

Soubri s. m. Gouttière. (Lat. *subrigare*, couler dessous.)

Soue, Souda s. f. Loge à pourceaux. (Lat. *sus*, porc.

Soulâ v. n. Avoir coutume. (Vx fr. *souler*, du latin *soleo*.)

« *Y souliant tous lous ans abattre lou pelaut.* » Ch.

Soulassâ v. a. Voir quelqu'un avec plaisir. (Vx fr. *soulas*.)

Soulâtrou adj. Désert, en parlant d'un endroit, d'un chemin.

Souletta s. f. Semelle de cuir que l'on coud à la *solle* d'un bas. (Esp. *suela*.)

Sounâ v. a. Appeler.

Sounailli s. f. Sonnette placée au cou des bestiaux.

Sounailli s. m. Pâtre des jasseries de Pierre-sur-Haute.

Souparou s. m. Reveillon de Noël, petit souper.

Sourâ v. a. Gagner, acquérir.

Soure s. f. Bien.

Sourmaisi, Semaêsa s. f. Broc, vase pour le vin.

Soute s. f. Abri. Se mettre à la soute. On dit encore la *soute* aux poudres. (Hébr. *south*, ce qui couvre.)

Stuision s. m. Purin, résidu du fumier des étables.

Suc, Supt, Sû s. m. Montagne, sommet arrondi, hauteur. « *A la san Lù, — L'hivar est au sù.* » Prov. — A la saint Luc (18 octobre), la neige est sur la montagne. (Auv. *succar*, C. *suc*.)

Suchœres s. f. pl. Petites poutres placées en travers de la cheminée, auxquelles on met fumer les jambons et sécher les *ételles*.

Suersailli s. f. Source.

Sugnâ v. a. Soigner, dans le sens de surveiller, regarder.

Suin, Sûn s. m. Sommeil. « *T'as sùn, vais te jaère,* » tu as sommeil, vas te coucher. La chanson des berceuses commence ainsi : *Sùn, sùn, sùn, véne, véne, véne !* (G. C. B. *hùn*, d'où le latin *somnus*. L's et l'h ne sont que des aspirations.)

Supaiti (à la) loc. adv. Au crépuscule, à bord de nuit.

Surdel s. m. Montagne, éminence, sommet.

T

Table s. f. Planche. Planche de jardin. (Esp. *tablar*.)

Tabiard adj. Bête, imbécile.

Tabus s. m. Tintamarre, embarras, peine.

Tabutâ, Taboulâ, Tambutâ v. n. Cogner, faire du bruit en frappant. (Gr. *tuptò*, frapper.)

Tachi s. f. Gros clou. (Esp. *tacha*, C. *tach*.)

Tacon s. m. Morceau, bout. (It. *taccone*, bout, morceau.)

Taillans s. m. pl. Ciseaux.

Taillon s. m. Morceau. (It. *tagliare*, couper par morceaux.)

Talaurina s. f. Salamandre. « *Gorgi de talaurina,* » mauvaise langue.

Taleuri, Tialeuri s. f. Cheville qui sert à fixer le joug des bœufs.

Talot s. m. Morceau de bois suspendu à une corde, que l'on attache au cou des porcs, des vaches pour les empêcher de vaguer.

Tan s. m. Nœud du bois.

Tancot s. m. Plante de pois secs. (On dit aussi *ales.*) Morceau de bois.

Tandio conj. Pendant ce temps, tandis que.

Tanet s. m. Lutin-follet.

Tanflâ v. a. Frapper.

Tanfla s. f. Taloche, coup.

Tantarina s. f. Mouche bovine, cantharide (par altération), œstre, taon, *eziale*. Lorsqu'un berger voit une vache dans le champ d'un voisin, il n'a qu'à crier :

> « *Moucha tantarina,*
> « *Piqua la bovina, z-z-z,* »

et la vache s'enfuit au galop. On sait que la jalouse Junon envoya ces mouches pour mettre en fureur la belle Io, métamorphosée en vache par Jupiter.

Tant que conj. Jusqu'à.

Taône s. f. Taon, grosse mouche.

Tapau s. m. Lourdaud.

Tarau adj. Un vent *tarau* est un vent très-violent, qui emporte la *terre*.

Tarrabat s. m. Tapage. (Vx fr. *rabat*.)

Tarrabâte adj. Turbulent, tapageur.

Tarrablau adj. Imbécile, à demi idiot.

Tarrasse s. f. Terrine en grès.

Tarrôre s. f. Morceau de fer plat au bout de l'aiguillon, et qui sert au laboureur à enlever la terre attachée au coutre de la charrue.

Tartareiji s. f. Crête de coq (*rhinantus crista*), plante à fleurs jaunes, qui croît dans les prés.

Tartareisa s. f. Vermine, misère. « *Engendrò de tartareisa,* » qui engendre la misère.

Tartaruches s. f. pl. Ce mot n'a pas de correspondant en français. « *Aul est dins les tartaruches,* » il est perdu.

Tat s. m. Maladie des pourceaux : boutons qui leur viennent aux gencives.

Patar s. m. Porc ; cri pour appeler les porcs. (Auv.)

Tavan s. m. Grosse mouche. C'est le mâle de la *taòne*. Le *tavan* est noir, la *taòne* est jaune.

Tavella s. f. Bâton, trique. (Usité à Lyon.)

Tavenna. Tovenna s. f. Sillon tracé au bord d'un champ, dans un sens perpendiculaire aux autres sillons.

Tazouères s. f. pl. Ciseaux. (Esp. *tijeras*.)

Tchàbremasse s. f. Espèce de chouette dont le cri imite le bêlement de la *chabra* ou chèvre.

Temâ v. n. Courir risque de.... craindre, appréhender. Lat. *timere*, craindre.)

Tempâ (se) v. p. Se tenir sur ses gardes.

Tendilli s. f. Partie de la charrue. Voir *Arôre*.

Tendraeri s. f. Génisse qui vient de faire son premier veau.

Terrat s. m. Rigole, petit conduit souterrain ou découvert.

Teus s. m. pl. Tessons.

Thaè s. m. Tilleul, orme (arbre).

Thenaò s. m. Travail pour ferrer les chevaux et les vaches.

Thi-assu conj. Ici, en haut. (It. *quassu*.)

Thi-avoè conj. Ici-bas. Voir *Ça-ouaè*.

Thiot, **Thia** s. m. s. f. Résine de pin, bois résineux, torche.

Timbrâ v. n. Timbrer, résonner, craquer.

Tina s. f. Cuve. (Esp. *tinaja*, grande cruche de terre ; C. *tine*, cuve ; It. *tinaja*, cellier.)

Tina. Tinetta s. f. Chèvre. (C. *tine*), d'où le nom du rocher de *Perotine* ou pierre aux chèvres, à Noirétable.

Tinaillon s. m. Pièce de bois de charpente. Voir *Chevrr*.

Tinailly s. m. Cellier, cuvage (de *tina*).

Tiontâ v. a. Tourmenter, corner aux oreilles.

Tiranchî v. a. Tirailler de côté et d'autre. (It. *tiran-neggiare*, tourmenter.)

Tirani. Tira-Lire s. m. Tire-langue, ortolan, alouette-canabière, à cause de son chant.

Tirant adj. On nomme *lait-tirant*, le lait qui sort difficilement du pis de la vache.

Tita. Tia excl. Cri pour appeler les poules.

Tochi s. f. Réprimande. « *Sous peina de la tochi.* »

Tochî v. a. Ce mot ne signifie pas seulement toucher, mais conduire, mener. « *Tochi lou brand,* » mener un branle. — « *Tochi les vaches.* » conduire les vaches.

« *Vez chi nous, se mariount tous,*

« *N'y o mà me que toche l'ànou.*

« *Mais moun temps vindrot*

« *Tocharot l'ànou que roudrot.* » Chanson.

Tochillon s. m. Chose de peu de valeur.

Tocson s. f. Sorte de drainage primitif.

Toile s. f. Foin étendu pour être séché.

Tòma. Touma s. f. Fromage blanc. (C. *tòm*, chaud, fromage caillé par le feu.)

Tos. Tou s. m. Petit aqueduc souterrain, tuyau de drainage, bonde d'étang. (Auv. *touar*, Lyonnais *thus*, aqueduc.) On lit dans les arrêts de Papon : « *A Rouanne y a un canal ou tou souterrain*, etc. »

Touailla s. f. Nappe, serviette. (Esp. *toalla*, C. *touilla*.)

Touïn s. m. Pinson (oiseau).

Tournâ v. a. Ce mot est tout-à-fait explétif et remplace la syllabe *re* dans la formation des verbes. *Tournâ-faire*, refaire ; *tournâ-dire*, redire.

Tourtai s. m. Matefaim, crêpe.

Tourtelion s. m. Gâteau, *tourte*.

Toutoula s. f. Tige d'oignon ; trompette que font les enfants avec des tiges d'oignon.

Tra. Tratra. Dra s. m. Lutin. C'est le *drac* du Languedoc, le *sotré* des Vosges, l'*éphialtes* des Grecs, etc.

Traci v. a. Traverser.

Tracolla. Tracolet s. f. s. m. Piége, trébuchet pour prendre les oiseaux, les renards, etc. (It. *tracollo*, culbute, trébuchement.)

Tracollà v. n. Faire la culbute ; *au fig.* mourir. (It. *tracollare*, tomber, trébucher, etc.)

Tracundi v. a. Utiliser, mettre à profit.

Traforâ v. a. Traverser. (It. *traforare*, percer à travers.)

Trageâ v. n. Fendre l'eau, en parlant d'un nageur, d'une barque ; passer à travers. (It. *tragettare*.)

Traînassi s. f. Convolvulus, plante *trainante*.

Traîne s. f. Fièvre. C'est aussi le mot employé dans la Dombes.

Traiti s. f. *Vin de traiti*, premier vin d'une cuvée.

Traire v. a. Porter, tirer, traîner ; pleuvoir à verse. (It. *tracre*, lat. *trahere*.)

Tralure v. n. Briller, paraître, faire connaître. (It. *tralucere*, lat. *translucere*.)

Trampalâ v. n. Chanceler, être ivre. (Esp. *trambalear*.)

Tranchò s. m. Espèce de hache.

Transon s. m. Morceau. *Transon* ou *alabat de pan*, morceau de pain. *Transon de peillant*, morceau de voleur (terme d'injure).

Traquenard s. m. Van mécanique pour les grains.

Travarsi s. f. Vent d'ouest, qui *traverse* la plaine du Forez.

Travellon s. m. Percerette, foret, amorçoir.

Travîrî (se) v. p. Se tourmenter. (It. *travagliarsi*, se tourmenter.

Travon, Trat s. m. Poutre, chevron. (Lat. *trabs*, It. *trave* et *travone*, poutre ; Savoy. *traz*.)

Trazeirî (se) v. p. Se tourmenter.

Trennâ v. a. Tresser la paille. « *Trennà una capotta*, tresser un chapeau. (Lat. *ternus*, trois ; les tresses se font ordinairement à trois brins.)

Trenna s. f. Chaîne d'oignons, de raves, etc. Tresse. (Esp. *trenado*, fait en tresse.)

Tressî v. n. Frissonner, frémir.

Treyvou s. m. Carrefour. (Lat. *trivium*.) D'où les noms propres : *Dutreyve, Trévoux*, etc.

Trezî v. a. Presser entre les lèvres, boire.

Triacres, Trouailles s. f. pl. Pelures, choses de rebut.

Triaille et **Givorde** s. f. Qualités de planches, dans les moulins à scie.

Triôlët s. m. Trèfle. (Lat. *triofolium*). « *Lou triôl't a couflot la bràva,* » le trèfle a gonflé la génisse. La petite ville d'Ambert a pour armoiries une croix double cantonnée de 4 trèfles, avec cette ancienne devise :

> « *Le trioule en Auvargnat,*
>
> « *I la meilloure herba dau prat.* »

Troc s. m. Morceau, bloc. On dit à Lyon, comme en Languedoc : *Un troc d'arton*, un morceau de pain. *Arton* est du grec pur.

Trochâ v. a. Parcourir une route.

Tronchâ v. a. Emonder un arbre, le tailler. (It. *troncare*, couper, tailler, tronquer.)

Tronfô s. m. Abréviation de *noutron fô*, notre fontaine, nom donné à la fontaine du pré de la foire, à St-Etienne, souvent citée par Chapelon et d'autres auteurs stéphanois. Cependant nous avons entendu nommer *tronfô* la fontaine commune dans plusieurs villages, peut-être à cause du tuyau qui a la forme d'une *tronfa* ou trompe.

Trouillâ v. a. Presser.

Trouille s. f. Marc de raisin. Voir *Drouache, Gêne*.

Troupelas s. m. Bande, troupe.

Troussun s. m. Fagot, botte de foin, de paille.

Trucil. Treuil. Treu s. m. Pressoir. Le *treuil* se compose : 1º De la *bachàsse* ou table à rebords sur laquelle on met le *gène* ou marc de raisin ; 2° de la *chana* ou conche, goulot par où coule le vin ; 3° de la trappe qui pèse sur le marc ; 4° des *caillons* que l'on place sur la trappe ; 5° de l'*âne*, pièce de bois au bout de la vis de pression ; 6° de l'*étampon* ou barre qui sert à faire descendre la vis. Il y a aussi des pressoirs à roue. (Auv. *trouée*, lat. *trolium*. D. C.)

Troyon s. m. Pioche à trois dents pour enlever le fumier. Voir *Bechu*.

Truyand, Truyassi s. m. s. f. Malpropre, sale (de *truie* ou *truand*).

Tsarot s. m. Lampe de veillée. Voir *Chelut* et *Creusio*.

Tua-Pœu s. m. Colchique, plante qui pousse, en automne, dans les prairies.

Tuma s. f. Réjouissance, festin, noce.

Tussia s. f. Toux, tousserie.

U

Uffà v. a. Huer, crier. (C. *udfà*.)

Urdi s. m. Outil.

Uyard s. m. Oie mâle, *jars*.

Uzeleiri s. f. Nid d'oiseau. Au pluriel : des bagatelles.

V

Vachard s. m. Fromage de vache. Au fig. paresseux, mou.

Vallant adj. Courant, en parlant de l'eau, par opposition à dormant.

Vannâ v. n. Vaciller. « *L'aura fat vannâ lou creusio*, » le vent fait vaciller la lampe.

Varcheiri s. f. Espèce de terrain tenant le milieu entre le *chambon* et la *varenne*. On nomme *pré de Verchère*, un pré non soumis à l'irrigation artificielle. Pièce de terre auprès d'une ferme. Dot assignée primitivement sur un fonds de terre.

Varenna s. f. Sorte de terrain léger. D'où viennent beaucoup de noms de lieux et de personnes.

Varcy s. m. Bruit, tumulte.

Varcyri s. f. Ellebore, rose de Noël, plante. (Lat. *varetrum*.)

Varjat s. m. Partie de l'écoussou ou fléau. Voir *Ecoussou*.

Varne s. f. Aulne (arbre), d'où les noms *Vernoys, la Vernade, Duvernay*, etc. (C. *gwerne*.)

Varon s. m. Venin. « *Aul o may de varon qu'ûn groin de buandeiri*, » il a plus de venin qu'une langue de buandière. On dit aussi *verun, verin*. Cette dernière forme est usitée dans l'Isère, et a donné naissance à l'une des sept merveilles apocryphes du Dauphiné. Ainsi la chapelle *San Verain* ou Saint-Vrain est devenue la tour sans venin, où les animaux venimeux et même les araignées ne pouvaient vivre... dit-on !

Varragnâ, Devaragnâ v. a. Arracher une haie. (Provençal, *barat*, fossé.) Voir *Baragne*.

Varsaò s. m. Coûtre de la charrue, *versoir*.

Vas s. m. Tombeau, cimetière. Ce mot a été usité en français jusqu'au XVIIIe siècle. Nous avons lu sur une dalle tumulaire à la Chapelle-en-Lafaye : *Vase des sœurs*, 1763.

Au Moyen-Age le *vas* était une chapelle sépulcrale. Ce nom, que l'on retrouve dans les terriers et dans les vieux actes, est resté à plusieurs anciens cimetières du Forez. (C. *rez, lez*, tombe ; de *và*, creuser.)

Vassio s. m. Jeune homme, amoureux, vassal.

Ventau s. m. Moulin-à-*vent*.

Vêpre s. f. Soir, après-dînée. (Lat. *vesper*.)

Vêque, Vêquat s. m. Gui, plante parasite. Il y a le *vêque dau perei* ou du poirier, *dau fragni* ou du frêne, *dau poumaé* ou du pommier, etc.; mais le vêque du chêne est presque introuvable. (Lat. *viscum*, It. *vischio*, gui et glu.) « *Ad viscum! viscum! Druidœ clamare solebant.* » (Ovide). Au gui ! au gui ! criaient les Druides. — Je ne sache pas que le gui ait conservé dans l'imagination populaire les merveilleuses qualités qu'on lui attribuait jadis.

Vequiot, Vequiat prép. Voici, voilà.

Verina s. f. Vitre.

Verisse s. f. Câble, corde.

Veru s. f. Broche. (Lat. *veru*, d'où *verrou*.)

Vez, Vaè s. f. Fois. *Una rey, quauque rey*, une fois, quelquefois. (Esp. *vez*.)

Veya s. f. Ce mot a une foule de sens et correspond exactement au *res* des latins. Chose, affaire, besogne, bien, etc. Au pluriel, *veyés*, hardes et affaires dans le sens familier de ce mot. Au XVIe siècle, Papon emploie le mot *vée* dans le même sens.

Vezâ v. n. Souffler. « *Poyou plus vezà*, » je ne puis plus respirer ; d'où la *véze*, cornemuse, instrument que l'on gonfle en soufflant.

Vezon s. m. Artison. — Putois (animal). — Méchante femme.

Viaille s. f. Joue. (C. *bi*, double ; *aille*, contour du visage. Ir. *Giall*, joue, changement du G en B.)

Viat s. f. Le vivre, la nourriture. *La viat et lou gère*, la table et le lit.

Vigne-Blanc s. f. Mauvaise herbe, brivoine, couleuvrée. Ortolan, *oiseau*. (It. *vite-bianca*.)

Villain s. m. Manche en bois suspendu à une poutre du plafond, et auquel on accroche la lampe de veillée. (D. C. *villani*, sorte de chandelier de bois. Dans ce cas, comme en beaucoup d'autres, Ducange paraît être à côté de la vérité, du vrai sens.)

Villon s. m. Pampre chargé de raisins.

Vintin, Vingtain s. m. Murs d'une ville, petit fossé de fortification, certain droit féodal.

Violët s. m. Sentier, chemin à *talons*. Diminutif du lat. *via*, chemin. (It. *viottola*.)

Viousî v. n. Etre abondant, à foison.

Virâ v. n. Tourner.

Vira-Fouillat, Viri-Fouillet s. m. Tripes de bœuf, second estomac des ruminants.

Virondâ v. a. Parcourir en tournant. *Virondâ la charreiri*, aller et venir dans la rue.

Vironda s. f. Tournée.

Viroulët s. m. Gâteau en forme de fer à cheval, échaudé.

Virouneiri s. f. Espèce de danse montagnarde, mélangée de valse et de bourrée. (De *virer*, tourner.)

Vitura s. f. Moyen de transport, cheval ou voiture.

Vivier s. m. Fondrière, prairie marécageuse. Voir *Narse, Mouille*.

Voirie s. f. Rue.

Volant s. m. Faucille de moissonneur. (D. C. *voluna*.)

Vorse, **Vorgina** s. f. Osier noir employé pour la vannerie (*Salix purpurea*).

Voures, pour **Oures** et **Ores** adv. Maintenant, à présent. Le V souvent employé comme aspiration.

Vourpa s. f. Lâche, fainéant, rosse. (Terme de mépris.)

Vouyancî v. a. Vider.

Vouyant adj. Vide, efflanqué.

FIN DU DICTIONNAIRE.

CHAPITRE PREMIER

PRONONCIATION

Le patois emploie toutes les lettres dont on se sert en français, sauf quelques-unes rarement employées ou tout-à-fait inusitées, telles que *K, X, Y, Z;* mais, en revanche, il possède des sons inconnus à la langue française. Il faudrait emprunter aux alphabets étrangers plusieurs de leurs caractères pour rendre la prononciation de certaines syllabes, comme *aô, œu, éu, aou,* qu'il est impossible d'exprimer, et comme *l* et *gl* qui se mouillent de même que la double *ll* espagnole et le *gl* italien.

Exemples : *meclia, ecliaore, mec-llia, ec-lliaore; eclot* se prononce à peu près *eche-liot.*

Une autre différence caractéristique existe pour les voyelles *in, on, un,* qui n'ont pas le son nazal qu'elles affectent en français; nous avons dû marquer cette différence par un tréma, ainsi *ïn* se prononce à peu près comme le *ing* anglais, *ün* s'accentue comme *une* et *oü,* se rend par *oun,* mais avec une expression toute particulière qu'il ne nous est pas possible d'indiquer.

C'est en tenant compte de ces dissemblances de prononciation que l'on arrive à reconnaître que beaucoup de termes patois ne sont que des mots français défigurés par des intonations spéciales, et cette observation, qui est essentielle, nous a permis de débarrasser notre glossaire d'un grand nombre de vocables dont il aurait été inutilement surchargé. Pour suppléer à cette absence, il nous suffira d'indiquer ici les règles générales qui dans le dialecte forézien gouvernent ces transformations.

Les voyelles *a, e, i, o, u* ont la même valeur qu'en français.

Exception : *a* se prononce *o* à Rive-de-Gier, St-Chamond, Givors, sur les bords du Rhône, comme dans le Dauphiné et la Bresse. Ainsi on dira à Rive-de-Gier :

« *Et n'érons chiz Girord, nos restaurò demon,* » ce qui se prononcera dans la plaine du Forez :

« *Et n'érans chiz Girard, nos restaurà deman.* »

E muet n'existe guère en patois que dans les terminaisons des verbes de la seconde conjugaison; dans les noms et les adjectifs il se change en *a, o, ou* et *i*. Exemple : *Fenna, hommou, tâchi*.

É fermé se change en *ò* et *à* dans les participes.

U se change souvent en *v* comme dans le vieux français : ouïr, *ovi;* alouette, *alovetta.* Il se prononce aussi *œu :* bu, cru, *bœu, crœu.*

Mais c'est surtout dans les voyelles composées que ces changements sont plus multipliés et plus variables.

AI se prononce *a* et *ae* : mai, maitre, *maé, maétre.*

AIN se prononce *an* et *à* : le pain, *lou pan ;* la main, *la mà*.

AL se prononce *au* et *à :* hôpital, *hôpitau* ou *hopità*.

AU se prononce *ai* et *é :* chapeau, château, *cha-pai, châtai*.

ÉE se prononce *à :* allée, poêlée, écuellée, *allà, pœllà, ecuellà*. Il faut en excepter *année,* qui se prononce *an-nie,* sans lier les deux syllabes.

EL se prononce *er* et *à :* ciel et miel, *cier, mier, chà, mià,* à l'exception de *tel, quel, quelqu'un,* qui se prononcent *tau, quau, quauqu'un,* à cause de leur étymologie : *talis, qualis*.

ET se prononce *eu,* ou mieux avec le son qu'a l'*e* muet dans les monosyllabes *me, te, se. Bichet, viaulet, rafet,* qui se prononcent à peu près *bicheu, viauleu, rafeu*.

EU se prononce *o, ot, at, éu :* Dieu, *Dio* ou *Diéu*.

EUR se prononce *aire* dans les noms qui peuvent être qualificatifs : *pignaire, parlaire, meissounnaire*. Il se change en *ur* dans *malheur, bounheur*.

JÈ se change en *uè, u, io :* chèvre se dit *chiòra, chuèra, chùra ;* de même pour *lièvre, lèvre, fièvre*.

IEU se change en *io, iœu, iéu :* mieux, Dieu, *mio, Dio*.

IN se change en *i, ië :* chemin, moulin, jardin, *tsami, mouli, dzardië*.

OI se prononce *oé, ci, eu :* soir, boire, voir, noir, *sci, beire, veire, nei ;* Antoine, François, *Antoénou, Françoés*. Telle était, du reste, l'ancienne prononciation française, alors qu'on faisait rimer *Fran-çois* et *français*. Le nord de la France, ancienne langue d'Oïl (*Oel*), la conserve encore.

OIR se change en *au :* miroir, arrosoir, enton-
noir, *muriau, arrousau, entounau.*

ON se prononce *oun, ou* et *u.* Dans les montagnes, mouton, saucisson, maison, se disent *mountu,*
ou *mountoun, mouesu* ou *maisou,* etc.

OU se change en *oua, oué, u, œu :* cou, *coué* ou
coua ; pou, *pœu* ou *pu.*

UI se prononce *œu, oï, ou, ua :* nuit, cuir, depuis, *nœu, cœu, dempœu ;* puits, *pou, pua ; Puy,*
nom propre et montagne, *pœu, poï* ou *poyi.*

UN se change en *u* dans la montagne : *tsacu,
dengu,* chacun, aucun.

Pour les consonnes, ces transformations ne sont
pas moins nombreuses, mais elles s'opèrent suivant
une marche plus régulière et qu'il est plus facile de
condenser en principes.

Les principales règles qu'il faut remarquer à cet
égard, sont l'adoucissement presque constant, les
substitutions réciproques et l'emploi des sons composés.

Ainsi les gutturales *g* et *j* se changent : *g* en *dz*
et *j* en *z,* ce dernier surtout en Roannais.

Gl, comme nous l'avons déjà fait observer, affecte
généralement le même son qu'en italien. Exemple :
église, *illiésa.*

Les dentales se transforment de même, par des
sons combinés et adoucis : *d* en *dz, t* en *ts* ou *tz.*

Nota. —Dans les montagnes d'Auvergne, au contraire, ces deux consonnes se durcissent, *d* en *gu* et
t en *qu.* Ex. : *Guio, guiablou, guie,* Dieu, diable, dit.

Pour les labiales, outre l'adoucissement qui est très-sensible dans *b* et *f* qui se changent en *v*, il y a cette loi de transmutation propre aussi à la langue espagnole, qui substitue le *b* au *v* et réciproquement le *v* au *b*. On remarque de plus une autre règle spéciale au patois forézien, par laquelle le *v* se change en *u* ou remplace l'aspiration *h* qui n'existe pas. Exemple : *vün*, un ; *vet*, huit ; *vounge*, onze ; *vourcs* (pour *oures*), maintenant.

La substitution du *b* au *v* n'est pas la seule, nous citerons de plus celle de l's et du *ch* qui s'emploient souvent l'un pour l'autre.

Nota. — *Ch* prend aussi quelquefois le son de *ts* ou *s* dur.

Enfin, il existe certains sons spéciaux tels que celui de *l* mouillée que nous avons déjà signalé, et, plus particulièrement encore, celui de l'*r* qui affecte, dans notre province, trois prononciations bien distinctes :

A St-Etienne, elle se prononce dure, gutturale, *frârre, brreyes.*

Du côté de Roanne, elle se roule doucement en faisant vibrer la langue.

A Montbrison, la prononciation en est fade et difficile à imiter ; la pointe de la langue porte au haut des dents, mais sans vibration.

De plus, par euphonie, l'*r* se supprime quelquefois dans le milieu des mots : morceau, *mouçai,* mais généralement à la fin, soit des noms, soit des verbes : jour, tour, *jouo, touo;* noir, soir, *nei, sei,* etc.

Signalons encore, en terminant, deux faits essentiels, premièrement l'usage des lettres euphoniques beaucoup plus fréquent en patois qu'en français.

Exemple : *Addu z-au*, apporte-le ; *ly z-au z-ai dit*, je le lui ai dit.

En second lieu, l'absence de l'*x* dont le son n'existe pas en patois. Nous croyons devoir insister d'autant plus sur cette absence, qu'elle se remarque aussi dans la plupart des langues européennes, le grec, les dérivés modernes du latin, l'italien, l'espagnol, etc., non plus que dans les idiômes germaniques. La prononciation de cette lettre, qui est particulière au français, est remplacée dans les autres langues par des gutturales fortes ou aspirées. Ainsi s'explique cette forme caractéristique des prétérits patois, *digué*, *fugué*, *vengué*, si commun dans les montagnes du Forez et qui correspond littéralement au prétérit des Latins, *dixi*, *vixi*, etc. Du reste, pour alléguer un fait incontestable de ce changement, il nous suffira de citer les Espagnols et de mentionner comme unique exemple leur verbe *inducir*, qui fait au prétérit *induxe*.

Quant à décider si les Latins prononçaient l'*x* comme le χ ou le κ des Grecs ou comme l'*x* et le *j* des Espagnols, ou comme l'*ss* ou le *che* des Italiens, ou comme le *sch* ou le *g* dur des Allemands, ou bien s'il faut, suivant la méthode de nos écoles, l'exprimer comme en français, chose peu vraisemblable, c'est une question que nous abandonnons à de plus habiles.

CHAPITRE II

DU NOM

La terminaison des noms masculins patois n'offre rien de remarquable ; elle suit les règles que nous avons données plus haut pour la transformation patoise de certaines voyelles françaises.

Les noms féminins se terminent généralement en *a*, et quelquefois en *i*.

Le pluriel des noms masculins s'obtient, comme en français, par l'addition de l'*s*.

Pour le féminin, il se forme tantôt en ajoutant un *s*, tantôt en changeant la finale *a* en *é* fermé.

Remarquons ici la parenté qui existe entre notre patois et les langues italienne et espagnole.

En italien, le pluriel féminin se forme en changeant *a* en *e*. En espagnol, on ajoute simplement un *s* à l'*à*, qui devient alors long.

Les différents dialectes du patois forézien participent de l'un et de l'autre. On dira *lé fenné* ou *las fennas*, suivant les localités.

Le patois forézien possède un assez grand nombre de diminutifs et d'augmentatifs, mais moins cependant que l'auvergnat.

Ainsi l'on dit : nez, *nâ;* petit nez, *nason;* grand nez, *nâcre.*

Les diminutifs se terminent généralement en *on :* petiot, éclot font *petioton, ecloton.*

Tels sont : *buyasson, crémasson, couasson, fennasson, garnasson, grailasson, sarpiasson.*

Une autre terminaison *at* est aussi très-usitée; mais ajoutée aux noms ou aux adjectifs, elle indique presque toujours une idée de mépris.

Ainsi *bourgeoérat, bouchérat* signifient petit bourgeois, mauvais boucher.

Tels sont *boutassat, fomorat, garagnat, haussurat, grossat, jabiat, chaninat, forignat.*

Le féminin de tous ces noms se termine en *assi.*

Les diminutifs existent aussi dans les noms propres André, Joseph, Gabrielle, Marie : *Drelu, Joselon, Biletta, Miette;* ce qui n'exclue pas les Nanon, Marion, Jeanneton, Cathon, Françon, les Piarrot, Jeannot, Liaudou, Jacquot.

Chez les paysans, le fils aîné porte toujours le nom de maison, le second fils est invariablement appelé *cadet,* les autres portent le nom de leur parrain.

Ajoutons qu'en patois les noms propres ont un féminin : la femme de Martin sera la *Martina;* celle de Barthaud, la *Barthauda;* celle de Pagat, la *Pagassi.*

Il ne faut pas oublier, d'ailleurs, que les noms propres sont encore, en patois, ce qu'ils étaient il y a quatre ou cinq siècles, des *surnoms,* et que les véritables noms de famille des paysans n'existent guère que sur les côtes des percepteurs.

CHAPITRE III

DE L'ARTICLE

L'article n'existait pas en latin ; les cas en te-
naient lieu. Les langues néo-latines (italien, espagnol, roman) l'ont emprunté aux langues du Nord.
Les articles patois sont :

MASCULIN SINGULIER.

Lou, lo, lu	français :	le.
Dou, dau, déu	»	du.
Ou, au, éu	»	au.

MASCULIN PLURIEL.

Lous	français :	les.
De lous	»	des.
A lous	»	aux.

FÉMININ SINGULIER.

La, lo	français :	la.
De la, de lo	»	de la.
A la, à lo	»	à la.

FÉMININ PLURIEL.

Lé, las	français :	les.
De lé, de las	»	des.
A lé, à las	»	aux.

Faisons observer en passant que devant un mot commençant par une voyelle, on dit aussi au singulier pour les deux genres : *l'*, *de l'*, *à l'*.

Dans l'article féminin pluriel *las*, l's ne se prononce pas devant une consonne, mais l'*a* est long, tandis qu'au singulier, il est toujours bref.

Il est probable que les articles contractés *du*, *au*, n'existaient pas autrefois en patois. *Des* et *aux* ne sont jamais employés.

L'article se supprime généralement devant les noms propres de lieux, de fleuves, etc.

> *L'aigua de Leiri*, *de Lignon*, *de Feron*.
> L'eau de la Loire, du Lignon, du Furans.

Par contre, il se met devant les noms propres de femme et tous les prénoms.

CHAPITRE IV

DE L'ADJECTIF

§ 1.

Les adjectifs qualificatifs terminés en français par *e* muet, sont terminés en patois, au masculin, par *ou* et *o* bref.

Agriablou.

La terminaison *a* est générale pour le féminin, toutefois en se rappelant que *a* se change quelquefois en *o*.

Agriabla, djenta, matrua, nova, neira, bleuva.

Il y a aussi, par exception, quelques adjectifs féminins en *i* bref.

Le pluriel dans les adjectifs se forme comme dans les noms ; au masculin, en ajoutant un *s* ; au féminin, en ajoutant un *s* ou en changeant *a* en *é* fermé.

Ina genta filla, de gentas fillas ou de genté fillé.

§ 2.

1° Adjectifs démonstratifs.

(En français : *ce, cel, celle, ces.*)

Masculin singulier :

Quau, quou, iquau.
Aquë, aquel, quelu.
Celui, cclu.
Iquet, iquetou.

Masculin pluriel :

Quelous, quelous.
Aquelous, iquelous, iquelous.

Féminin singulier :

Quella, aquella.
Iquella, iquetta.

Féminin pluriel :

Quelé, aquelas.
Iquelé, iqueté.

Il y a certainement des nuances à observer dans l'emploi de ces adjectifs.

2° Adjectifs possessifs.

Les adjectifs possessifs patois n'ont rien de particulier.

Au singulier : *moun et ma.*
Au pluriel : *mous ou mas et mé.*

3° Adjectifs numéraux.

Les adjectifs cardinaux désignent le nombre.

Masculin : *ün, ion, vün.*   Féminin : *una.*
»	*dous.*	»	*doué.*
»	*treis.*	»	»
»	*quatrou.*	»	*quatré.*
»	*cïnq.*	»	»
»	*saé, sié, sei.*	»	»
»	*set.*	»	»
»	*vet.*	»	»
»	*not, gnus.*	»	»
»	*dix.*	»	»

Les adjectifs ordinaux marquent l'ordre ou le rang.

Proumi.   *Proumaéri.*
Secound.   *Secounda.*
Treisiémou, etc.   *Treisiéma,* etc.

CHAPITRE V

DU PRONOM

§ 1. Pronoms personnels.

Singulier.

1re Personne : *io, iou, iéu, jou, ji, me.*

2e Personne : *te, tu, quiu.*

3e Personne, pour le masculin : *au, aul, a, al, vou, ov, se.*

3e Personne, pour le féminin : *ei, iella, la.*

Pluriel.

1re Personne : *nos, nosautrou, n's, n'.*
Au féminin : *nosautré.*
2e Personne : *os, vosautrou, v's.*
Au féminin : *vosautré.*
3e Personne : *i, ei, eil, eillou, se.*
Au féminin : *ei, iellas, ielle, se.*

Il convient de faire observer ici que l'usage du pronom devant les verbes n'est pas dans l'esprit du patois forézien. Ainsi, il est remarquable que dans toutes les localités où le patois s'est le mieux conservé dans toute sa pureté primitive, le pronom est complètement supprimé. On peut donc en conclure que, de même qu'en latin, sa présence devant les verbes n'est qu'une exception à une règle générale.

§ 2. Pronoms démonstratifs.

(En français : *ce, celui, celui-ci, celle, celle-ci, celle-là, ceci, cela.*)

Pour le masculin singulier : *aquë, aquë d'échai, aquë d'avà, aquë d'achu,* c'est-à-dire : celui, celui d'ici, celui de là-bas, celui de là-haut, etc.

Pour le féminin singulier : *aquella,* etc.

Pour le masculin pluriel : *aquelous,* etc.

Pour le féminin pluriel : *aquellas, aquellé,* etc.

Pour les deux genres (ceci, cela) : *aquo, ciquou, iquen, vou, ov.*

§ 3. Pronoms possessifs.

Singulier masculin :

Lou mio, mino, miéune, mi, d'à mino.
Lou tio, tino, tiéune, d'à tino.
Lou sio, sine, chéune, d'à sine.

Singulier féminin :

La mia, mina, miéuna.
La tia, tina, tieuna.
La sia, sina, chéuna.

Singulier pour les deux genres :

Lou nòtrou, la nòtra.
Lou vòtrou, la vòtra.

Au pluriel, on dit : *lou mine, las* ou *lé miné,* etc.. et à la troisième personne : *liou, liour, lour, louar, d'à iellou,* etc.

§ 4. Pronoms indéfinis.

L'un des plus usités dans la langue française, le pronom *on*, n'a pas de correspondant en patois. Il se remplace par la troisième personne du singulier ou du pluriel.

On eut dit : *vou esse dit*, il serait dit.

On y va : *eil ey vant*, ils y vont.

On emploie aussi très-souvent dans ce cas la forme passive.

Quauquüin,   quelqu'un.

Quauqua re. (1).

Seiquüin, seïq . 'e.

Seiquant.

Denguüin, ninguüin.

Ren, rès.

Tau.

Aôtrou.

Quau, que.

A l'exception de *ren* et *que*, tous ces pronoms ont un genre et un nombre qui se forment suivant les règles générales.

§ 5. Pronoms relatifs.

(En français : *qui, que, lequel, dont, en, y.*)

Que, quau, quüin, lequüin, dauquüin.

Les pronoms se déclinent, à l'exception de *que*.

(1) La forme de cette expression, qui peut sembler étrange, est rationnelle et conforme à l'étymologie. On sait en effet que le mot *rien* vient du latin *res* et signifie une chose.

Tu ne vaux rien, signifie : *tu ne vaux pas une chose quelconque.*

CHAPITRE VI

DU VERBE

Suivant la situation du sujet à l'égard de l'action, il y a, en patois, autant de sortes de verbes qu'en français.

De même qu'en italien et en espagnol, il n'y a en patois que trois conjugaisons, comprenant les verbes terminés en *à*, en *e*, en *i* : *amâ, vendre, fini.*

Il ne faut pas conclure de cette règle que le verbe patois appartienne à la même conjugaison que le verbe français correspondant. Outre qu'il y a en français quatre conjugaisons, il est rare qu'un verbe, même avec le même radical, se termine en patois comme en français.

Ainsi *sentir, courir, sortir,* qui sont de la deuxième conjugaison française, appartiennent en patois à la troisième : *sìntre, coudre, sôtre.*

Les verbes français *s'asseoir, pleuvoir, savoir,* se disent en patois : *s'assetà, plôre, sœupre,* etc.

Les verbes *être* et *avoir* entrant dans la composition des autres, il convient d'en donner d'abord la conjugaison.

Nous avons cru être utile et agréable à nos lecteurs en leur mettant sous les yeux les tableaux comparatifs du patois avec l'espagnol et l'italien, non-seulement pour la conjugaison des verbes auxiliaires *être* et *avoir*, mais encore pour les verbes qui servent de types aux autres conjugaisons.

VERBE AUXILIAIRE *ÊTRE.*

INDICATIF PRÉSENT.

Patois.	*Espagnol.*	*Italien.*
Siœu, soué, seï.	soy.	sono.
Chiais, ei, sei,	eres.	sei.
Eï, ei, i,	es,	é.
Sün, semmon,	somos,	siamo.
Soün,	son.	sono.

IMPARFAIT.

Era, érou, érïn.	era.	era.
Éras, érias, érë.	eras,	eri.
Éra, ére,	era,	era.
Éran, érian,	eramos,	eravamo.
Éras, érias,	erades.	eravate.
Éran, érian, éroün.	eran.	erano.

PASSÉ DÉFINI.

Fugué, fiò, cheguéi,	fui.	fui.
Fuguéré, feyu, cheguéras,	fuiste.	fosti.
Fugué, fœu, chegué,	fué,	fu.
Fuguéran, fuman, cheguéran,	fuimos.	fummo.
Fuguéra, fuyutes, cheguéra,	fuistes.	foste.
Fuguéroun, furon, cheguéran,	fuéron,	furono.
Saraé, chereï,	seré,	sarò.
Saras, cheras,	seras,	sarai.
Saro, chera,	sera,	sara.
Saran, sarün, cheran,	seremos.	saremo.
Saris, cheré,	screis,	sarete.
Saran, cheran.	seran,	saranno.

CONDITIONNEL.

Patois.	Espagnol.	Italien.
Sariœu, serïn, cheria,	seria,	sarei.
Sariais, serias, cherias,	serias,	saresti.
Sari, Serë, cheria,	seria,	sarebbe.
Sarian, serian, cherian,	seriamos,	saremmo.
Saris, serias, cherias,	seriades,	sarete.
Sarioün, serian, cherian,	serian,	sarebbero.

PRÉSENT DU SUBJONCTIF.

Seye, chaye,	séa,	sia.
Sias, chayas,	séas,	sii.
Seye, sesse, chaye,	séa,	sia.
Seyan, sessian, chayan,	séamos,	siamo.
Seyas, sessias, chayas,	séais,	siate.
Seyan, sessian, chayan,	séan,	sieno.

IMPARFAIT DU SUBJONCTIF.

Fuguesse, seyessi, cheguesse,	fuésse,	fossi.
Fuguessias, seyesse, cheguessas,	fuésses,	fosti.
Fuguessi, seyessi, cheguesse,	fuésse,	fosse.
Fuguessian, seyessian, cheguesson,	fuéssemos,	fossimo.
Fuguessias, seyessias, cheguessas,	fuéssedes,	foste.
Fuguessian, seyessian, cheguessan,	fuéssen,	fossero.

IMPÉRATIF.

Seye, chaye,	séa,	sii ou sia.
Seyan, chayan,	séamos,	siamo.
Siète, chayas,	séd,	siate.

INFINITIF.

Être,	ser,	essere.

PARTICIPE PASSÉ.

Eto, ita, atru,	sido,	stato.

Les temps composés du verbe *être* se forment, non avec le verbe *avoir* comme en français, mais avec le verbe *être* lui-même et son participe passé, comme en italien.

Ainsi l'on dit : *soué éto, saraé étot*, etc.

En allemand, le verbe *être* se sert aussi d'auxiliaire à lui-même : *Ich bin gewesen*.

De là vient la locution vicieuse employée par les paysans lorsqu'ils veulent parler français : *Je suis été*, etc.

VERBE AUXILIAIRE *AVI, AVAERE* (Avoir).

INDICATIF PRÉSENT.

Patois.	Espagnol.	Italien.
Ai, éï,	he,	ho.
As,	has,	hai.
A, o,	hay,	ha.
Avan, aveïn,	habémos,	abbiamo.
Avaé, avé,	habeis,	avete.
An,	han,	hanno.

IMPARFAIT.

Ayïn, aya,	habia,	aveva.
Ayas,	habias,	avevi.
Ayi, aya,	habia,	aveva.
Ayan,	habiamos,	avevamo.
Ayas,	habiais,	avevate.
Ayan,	habian,	avevano.

PASSÉ DÉFINI.

Aguio, aguei,	hube,	ebbi.
Agui, agueras,	hubiste,	avesti.
Agui, aguë,	hubo,	ebbe.
Aguimo, agueroun,	hubimos,	avemmo.

Patois.	Espagnol.	Italien.
Aguite, agueras,	hubisteis,	aveste.
Aguiron, aguiran,	hubiéron,	ebbero.

FUTUR.

Patois.	Espagnol.	Italien.
Auraé, éurai,	habré,	avrò.
Auras, éuras,	habras,	avrai.
Auro, éura,	habra,	avrà.
Auran, éurein,	habrémos,	avremo.
Auris, éureis,	habreis,	avrete.
Auran, éuran,	habran,	avranno.

CONDITIONNEL.

Patois.	Espagnol.	Italien.
Aurïn, éuya,	habria ou hubiera,	avrei.
Aurias, éuyas,	habrias,	avresti.
Auri, éuya,	habria,	avrebbe.
Aurian, éuyan,	habriamos,	avremmo.
Aurias, éuyas,	habriais,	avreste.
Aurian, éuyan,	habrian,	avrebbero.

PRÉSENT DU SUBJONCTIF.

Patois.	Espagnol.	Italien.
Aya, aye,	haya,	abbia.
Ayessi, ayas,	hayas,	abbi.
Ayesse, aye,	haya,	abbia.
Ayessian, ayan,	hayamos,	abbiamo.
Ayessias, ayas,	hayais,	abbiate.
Ayessian, ayon,	hayan,	abbiano.

INFINITIF.

Patois.	Espagnol.	Italien.
Avi et avaére,	haber,	avere.

PARTICIPE PASSÉ.

Patois.	Espagnol.	Italien.
Gu, agu,	habido,	avuto.

Le verbe *avoir*, dans les temps composés, se sert d'auxiliaire à lui-même.

PREMIÈRE CONJUGAISON AMA.

INDICATIF PRÉSENT.

Patois.	Espagnol.	Italien.
Am — ou, e,	am — o,	am — o,
is, e,	as,	i.
e, a,	a,	a.
an, en.	amos.	iamo.
as,	ais,	ate.
on,	an.	amo.

IMPARFAIT.

Patois.	Espagnol.	Italien.
Am — ayïn, ava,	am — ava,	am — ava.
ayas, avas.	avas,	avi.
ayë, ava,	ava,	ava.
ayan, avan.	avamos.	avamo.
ayas, avas.	avades.	avate.
ayan, avon.	avan.	avamo.

PASSÉ DÉFINI.

Patois.	Espagnol.	Italien.
Am — io, ei,	am — é,	am — ai.
ie, ias, eras,	aste,	asti.
eï, é,	o,	ò.
éron, éran.	amos.	ammo.
éras,	aste,	aste.
éron, érün.	aron.	arono.

FUTUR.

Patois.	Espagnol.	Italien.
Am — arei,	am — arei,	am — erò.
aras.	aras,	erai.
ara, aro,	ara.	erà.
aren, aran,	arémos,	eremmo.
aré, areis,	areis,	erete.
arou, aran,	aran,	eranno.

CONDITIONNEL.

Patois.	Espagnol.	Italien.
Am — arìn, aia,	am — aria,	am — erei.
arias, aias,	arias,	cresti.
ari, aia,	aria,	crebbe.
arion, aian,	ariamos,	cremmo.
arias, aias,	ariades,	creste.
arian, aion.	arian,	crebbero

PRÉSENT DU SUBJONCTIF.

Am — e,	am — e,	am — i.
i,	es,	i.
e,	e,	i.
ian,	emos,	iamo.
ias,	eis,	iate.
on,	en,	ino.

IMPARFAIT DU SUBJONCTIF.

Am — essìn, esse,	am — asse,	am — assi.
essias, essa,	asses,	assi.
esse,	asse,	asse.
essian, essan,	assemos,	assimo.
essias, essa,	assedes,	aste.
essian, esson.	assen,	assero.

INFINITIF.

Am — à,	am — ar,	am — are.

PARTICIPE PASSE.

Am — a, o, ado.	am — ado,	am — ato.

Les temps composés se forment avec le verbe *avoir* et le participe passé.

Tous les verbes terminés à l'infinitif en *à* se conjuguent sur le verbe *amà*.

Tels sont : *bellà, essoublà, abadà, aïssavà*, etc.

SECONDE CONJUGAISON *VENDRE.*

INDICATIF PRÉSENT.

Patois.	*Espagnol.*	*Italien.*
Vend — e,	tem — o,	tem — o.
i,	es,	
	e,	e.
en,	emos,	iamo.
é,	eis,	etc.
on,	en,	ono.

IMPARFAIT.

Vend — ïn, ia.	tem — ia,	tem — eva.
ias,	ias,	evi.
ia,	ia,	eva.
ian,	iamos.	evamo.
ias,	iades,	evate.
ion,	ian,	evano.

PASSÉ DÉFINI.

Vend — ci, iguci,	tem — é, i,	tem — ei.
era, iguéras,	iste,	esti.
e, igué,	io,	è.
eran, iguéran,	imos,	emmo.
eras, iguéras,	isteis,	este.
eran, iguéran,	ieron,	erono.

FUTUR.

Vend — rci,	tem — éré,	tem — erò.
ras,	éras,	erai.
ra,	éra,	erà.
ren,	éremos,	eremo.
re,	éreis,	erete.
ron,	éran,	eranno.

CONDITIONNEL.

Patois.	*Espagnol.*	*Italien.*
Vend — ria,	tem — éria,	tem — erei.
rias,	érias,	eresti.
ria,	éria,	erebbe.
rian,	ériamos.	eremmo.
rias,	ériades,	ereste.
rion,	érian,	erebbero.

PRÉSENT DU SUBJONCTIF.

Vend — e, ou,	tem — a,	tem — a.
i,	as,	i.
e,	a,	a.
ian,	amos,	iamo.
ias,	ais,	iate.
on,	an,	ano.

IMPARFAIT DU SUBJONCTIF.

Vend — essïn, esse,	tem — iesse,	tem — essi.
essa,	iesses,	essi.
esse,	iesse,	esse.
essan,	iessemos,	essimo.
essas,	iessedes,	este.
essan.	iessen,	esséro.

INFINITIF.

Vend — re,	tem — er.	tem — ere.

PARTICIPE PASSÉ.

Vend — iu,	tem — ido,	tem — uto.

Les temps composés se forment avec le verbe
avoir et le participe passé.

Les verbes terminés à l'infinitif en *re* et *e* se conjuguent généralement comme *vendre*.

Tels sont : *econdre*, *aveindre*, *appoundre*, *re-condre*, etc.

Il y a cependant, dans cette conjugaison, beaucoup de verbes irréguliers : *sœupre, segre, cheire, ecourre*.

TROISIÈME CONJUGAISON *SERVI*.

INDICATIF PRÉSENT.

Patois.	*Espagnol.*	*Italien.*
Serv — e,	sub — o,	sent — o.
i,	es,	i.
e,	e,	e.
en,	imos,	iamo.
e,	is,	ite.
on.	en.	ono.

IMPARFAIT.

Serv — ia,	sub — ia,	sent — iva.
ias,	ias,	ivi.
ia,	ia,	iva.
ian,	iamos,	ivamo.
ias,	iades,	ivate.
ion, ian,	ian,	ivano.

PASSÉ DÉFINI.

Serv — igue,	sub — i,	sent — ii.
igueras,	iste,	isti.
igué,	io,	i.
iguéran,	imos,	immo.
iguéras,	isteis,	iste.
iguérau,	iéron,	irono.

FUTUR.

Serv — irei, iraé,	sub — iré,	sent — irò.
iras,	iras,	irai.

Patois.	Espagnol.	Italien.
ira, iro.	ira.	irà.
iren, iran.	iremos.	iremo.
iré, iri.	ireis.	irete.
iron, iran.	iran.	iranno.

CONDITIONNEL.

Serv — irïn, ia.	sub — iria.	sent — irei.
irias, ias.	irias,	iresti.
iré, ia,	iria.	irebbe.
irian, iau.	iriamos.	iremmo.
irias, ias.	iriades,	ireste.
irian, ion.	irian.	irebbero.

PRÉSENT DU SUBJONCTIF.

Serv — e.	sub — a.	sent — a.
i.	as,	i.
e,	a.	a.
ian.	amos.	iamo.
ias,	ais,	iate.
on.	an.	ano.

IMPARFAIT DU SUBJONCTIF.

Serv — essïn, iguesse,	sub — iesse.	sent — issi.
essias, iguessa,	iesses,	issi.
esse, iguesse,	iesse,	isse.
essian, iguessan.	iessemos.	issimo.
essias, iguessa,	iessedes,	iste.
essian, iguesson,	iessen,	issero.

INFINITIF.

Serv — i.	sub — ir.	sent — ire.

PARTICIPE PASSÉ.

Serv — i.	sub — ido.	sent — ito.

Les temps composés se forment avec le verbe *avoir* et le participe passé.

Les verbes terminés à l'infinitif en *i* se conjuguent comme *servi*.

Tels sont : *adenci, acani, avari, décharni, étarni*, etc.

Aux xvie et xviie siècles, les verbes de cette conjugaison se terminaient généralement, à St-Etienne, en *ier : couchier, reprochier*.

On appelle irréguliers les verbes qui s'éloignent, à certains temps et à certains modes, des règles établies pour les conjugaisons qui précèdent. Nous n'entreprendrons pas d'en donner la liste, car, en patois, les verbes irréguliers sont au moins aussi nombreux qu'en français. Nous n'insisterons pas non plus sur les verbes passifs, neutres ou pronominaux, ces détails n'offrant rien d'intéressant.

Mais nous dirons un mot des verbes impersonnels. Tels sont : *tsaò, elvouède, siòre*, il faut, il fait des éclairs, il neige, etc.

Voici la conjugaison du verbe *tsalli*, falloir :

Indicatif présent : *tsaò*, il faut.

Imparfait : *tsallia*, il fallait.

Passé défini : *tséugué*, il fallut.

Futur : *tséudra*, il faudra.

Conditionnel : *tséudria*, il faudrait.

Participe passé : *tséugu*, fallu, etc.

CHAPITRE VII

DU PARTICIPE

Le participe présent n'offre rien de remarquable en patois. Cependant on l'emploie quelquefois pour remplacer d'autres temps et exprimer une action présente ou passée.

Ainsi l'on dit en patois : *aul ére sechant*, il sèchait ; *l'aigua vai vallant*, l'eau descend.

Les participes passés de la première conjugaison terminés en français par *é* fermé, se terminent en *ot* ou *at*.

Ainsi : *bittot, assetot, essoublot, moudot, essampot.*

Quelquefois l'*é* fermé se change en *e* muet. De là vient que les paysans disent invariablement, en croyant parler français : *gonfle, trempe, enfle, arrête, use*, etc.

« Cette vache est *gonfle.*

« Je suis *trempe* de pluie.

« Il est *enfle.*

« L'horloge est *arrête.* »

Au lieu de dire *gonflée, trempé, enflé, arrêtée*, etc.

Les participes passés de la deuxième conjugaison se terminent généralement en *u* : *saubu, écondu, revondu, redu, counussu, neissu, paraissu, morsu,* etc.

Les participes passés de la troisième conjugaison se terminent généralement en *i* : *epeli, sarvi, figni,* etc.; mais il y a beaucoup d'exceptions.

CHAPITRE VIII

DE L'ADVERBE

1° Les adverbes de manière sont peu usités en patois.

2° Les adverbes de temps : *autravez, iores, héri. onhen, deman, enquœu.*

3° Les adverbes de lieu : *onte, donte iqui, içai, illai, dedïns, defô, ailai, alyin, alpoyi, assus.*

4° Les adverbes d'ordre : *pœu, ensiôte.*

5° Les adverbes de quantité : *pot, trop, meins, prou, tant, may.*

6° Les adverbes de comparaison : *miox, may, meins, élu, couma, quant.*

7° Les adverbes d'affirmation et de négation : *ouai, gin* ou *gès.*

CHAPITRE IX

DE LA PRÉPOSITION

Les principales prépositions patoises sont :

Ambé, obé, au,	avec.
Endé, endepœu,	depuis.
Chiz,	chez.
Darri,	derrière.
Davant,	avant.
Dempœu,	depuis.
Maugrâ,	malgré.
Par,	pour.
Sobre,	sous.
Tandio,	tandis.
Véquio, véquia,	voici, voilà.

CHAPITRE X

DE LA CONJONCTION

Voici les principales conjonctions patoises :

Accourre,	quand.
Mâ que,	pourvu que.
Par que,	pourquoi.
Mas,	mais.
Pas meins,	cependant.

CHAPITRE XI

DE L'INTERJECTION

Voici les principales interjections :

Aia !	aïe !
Omi !	hélas !
Dia, Dié,	
Mardia,	pardieu.
Adio-coumand,	adieu.
Adioussias,	adieu.
Veritaé,	vraiment.
Houche,	
Houssu,	
Assa,	allons.

CHAPITRE XII

DE L'ORTHOGRAPHE

Les paysans foréziens parlent le patois comme le
parlaient leurs pères, beaucoup moins bien cependant, mais sans se douter davantage que la grammaire soit l'art qui enseigne « à parler correctement. » Nous n'ajoutons pas « et à écrire correctement, » car nos auteurs patois n'avaient pour guide,
en écrivant leurs œuvres, que leur fantaisie ou une
méthode personnelle ; et ça été bien pis quand les
éditeurs s'en sont mêlés. Le *Ballet forézien*, les
poésies des Chapelon, et les publications plus modernes elles-mêmes sont un mélange incohérent de
lettres et de mots à défier la sagacité du philologue
indigène le plus patient et le plus habile.

L'essai grammatical placé à la suite de notre
glossaire n'a point, on le pense bien, la prétention
d'établir des règles invariables pour parler ou écrire
le patois.

En effet, cette question de l'orthographe présente
des difficultés multiples que la langue française
même est bien loin d'avoir résolues, puisque, de
l'avis des plus savants philologues, nos grammaires

et nos dictionnaires français, sans exception, sont dépourvus de toute pensée critique et remplis d'in- conséquences. Une bonne orthographe serait celle qui n'emploirait que juste assez de lettres pour dé- terminer d'une manière précise la prononciation d'un mot et en rappeler l'étymologie.

Il n'existe que trois systèmes pour atteindre à la solution de ce problème complexe.

Le premier consisterait à écrire une langue abso- lument comme on la prononce. Ce système qui avait été souvent proposé, et notamment par des nova- teurs du xvie siècle, n'a jamais pu aboutir. Cette uniformité d'écriture et de prononciation, ce rap- port de l'orthographe au langage n'existe dans au- cune langue. Il est encore moins possible en patois. La première et principale raison, c'est qu'il faudrait faire un dictionnaire spécial pour chaque localité d'un pays, quelquefois même pour chaque quartier d'une seule ville.

Le second système, qui n'est applicable qu'à un petit nombre de mots, est celui de l'étymologie. Mais il présupposerait une connaissance parfaite de l'origine de chaque mot : ce qui n'existe pas. Il de- viendrait même impossible en certains cas, par exemple pour les étymologies du roman, dont la propre orthographe n'a jamais été fixée.

Reste une troisième méthode pour écrire le pa- tois : c'est d'essayer de rapprocher l'orthographe des mots patois des mots français correspondants.

Quoiqu'il présente certainement des inconvé- nients, ce système a néanmoins cet avantage réel de

faciliter la lecture du patois et de défigurer beaucoup moins nos idiômes que la prétendue orthographe celtique dont on a voulu parfois les affubler.
La multiplicité des consonnes *h*, *k*, etc., des traits
d'union, des apostrophes, ne suffit pas pour donner
à une langue le caractère qui lui est propre.

On comprendra sans peine, que les patois étant
des dialectes qui n'ont jamais été fixés d'une manière précise comme les langues qui ont laissé des
monuments littéraires, et qui ont été élaborées par
une pratique constante et séculaire, doivent être par
conséquent plus difficiles à orthographier.

En présence de ces obstacles, nous avons adopté
un moyen terme. Ainsi nous avons, suivant les exi-
gences, fait des emprunts à chacun de ces trois
systèmes. Dans le glossaire, nous avons ramené les
mots à une orthographe à peu près uniforme et régulière, sans tenir compte des variations qu'ils peuvent subir dans les divers dialectes. Les mots *chiôra*,
chuera, *chûra*, *chabre*, ne pouvaient fournir des
articles spéciaux, non plus que *anheu*, *anhui*,
anhot, *anhei*, qui sont des formes différentes d'un
même vocable.

Cependant, dans le chapitre consacré à la géographie des patois, nous avons dû suivre une méthode différente, en raison même du sujet, et nous
avons écrit les mots comme ils se prononcent, tout
autant du moins qu'il a été possible de le faire.

TROISIÈME PARTIE

HISTOIRE LITTÉRAIRE DU PATOIS

CHAPITRE PREMIER

ORIGINES ET IMPORTANCE DU PATOIS

Le patois forézien est un dialecte néo-latin dans lequel sont restés cependant un très-grand nombre de mots appartenant à l'idiôme parlé primitivement dans nos contrées.

Quelques exemples nous suffiront pour démontrer ce fait. On trouvera dans l'exemple suivant les rapports incontestables qui existent entre le latin et le patois :

Aborior, *abouriao;* adducere, *addure;* allocare. *allougà;* æquare, *eguà;* alapa, *amplan;* anilis. *aneille;* antequam, *anqueu;* aratus, *arat;* aries. *aret;* aperire, *eri;* atria, *aitres;* aura, *aura;* calcare, *chauchà;* catena, *cadèna;* cathedra, *cathière;* carabilis (via), *chareire;* cibus, *civada;* congeries. *congère;* cundire, *cundire;* comparare, *comprà;* coma, *cóma;* expectare, *appeità;* expelli, *epeli;* flatus, *flat;* galina, *jalena;* hortus, *hort;* foràs, *de fó;* latus, *lât;* mulgere, *mouijre;* mustella, *moutiale;* noctua, *nóque;* quanti, *quant;* paries, *parei;* retrahere, *retraire;* sadus, *sade;* subrigare, *soubri;*

timere, *temá*; trabes. *trat*; translucere. *tralure*; trolium. *treuil*; trivium. *treive*; viscum, *véque*, etc.

Des analogies non moins frappantes existent entre le patois et l'espagnol :

Apio, *api*; arpa. *arpa*; acallar, *acallá*; acuchar. *acuchà*; agradar, *agradá*; afan. *afan*; agardiente, *aguardiente*; andana, *andain*; aparar, *apará*; badulaque, *badolat*; bambanear, *bambaná*; barrio. *barri*; bellote, *belot*; botta, *bouta*; bofetada. *bouffettes*; carcamella, *carcavella*; canasta, *canestar*; cabestro. *chab*; cavar. *chavá*; chico, *chichon*; chisquete, *chiquet*; quesera. *chasaere*; escoba, *ecoubat*; encachar. *enganá*; faron. *faron*; gorgojo, *gourguillon*; gorrona, *gourinna*; ningun, *nengun*; loso, *losou*; mezclar, *méclia*; moro, *mouret*; niebla, *nuble*; novia, *novie*; rascar. *ràche*; raiz, *rage*; regonar, *rejonioux*; rengo, *renquët*; rio, *rio*; roncar. *ronchá*; cebadura, *sebodura*; serrar, *sarrá*; tapon. *etapon*; tijeras, *tazouères*; tinaja, *tinailli*, etc.

Il en est de même pour l'Italien :

Bicchiere, *bichi*; boccone, *boccon*; galuppo, *galoupa*; gridare, *gridá*; gona, *gònot*; à gorgota, *à la gorgolla*; loffa, *louffa*; magnano, *magnen*; malenconico, *malencogni*; marcire. *marsi*; merenda, *marenda*; minestrare. *menetrá*; morello. *moreilli*; ora, *ores*; ortaggio. *hortolageou*; pastinana, *pastonnade*; potare, *pouer*; poggiare. *pouya*; poppa, *poupa*; ranto, *ranquet*; ricotta, *rigotte*; riota, *riota*; quassu, *thi-assus*; tinaja, *tina*; tiranneggiare. *tiranchi*; tracollo, *tracolla*; traforare, *traforá*; tragettare, *tragea*; vite-bianca, *vigne-blanc*, etc.

Pour les langues que l'on a appelées celtiques, il est plus difficile de faire des citations certaines. Cependant, voici quelques mots authentiques :

Astell, accourt, adoba, auch, aireach, ariar, auch, barr, beina, bel, bour, bul, bog, bruson, briaw, braucell, bucla, cuch, cos, cal, cau, cai, cora, dailli, farr, fallig, far, gour, galach, gluen, garhouein, ging, glaff, gorre, gouil-laith, gouhin, goy, ing, jail, keina, laisch, macha, regoni, ridourès, ram, sal, sagne, suc, strouill, tach, tinhau, gwerne, etc.

Ces vocables ont évidemment donné naissance aux mots patois qui suivent :

Etelle, accore, adoubà, auch, area, aria, barri, boena, boureiri, breson, se brancellà, brave, buclà, cale, caux, cayou, clœu, se couerti, couevou, coural, dailla, faron, garna, gerla, gïnguà, gliafa, gorre, gourd, goye, patella, peilla, per, poy, rachi, ramà, sagni, sarrà, scilli, tachi, tina, tòma, varne, etc.

Nous ferons observer à ce propos que nous ne prétendons pas donner comme incontestables toutes les étymologies que nous avons insérées dans notre glossaire. Nous n'affirmerions pas, par exemple, que le mot purement lyonnais de *gone*, enfant, gamin, vienne du hottentot *gona* qui a la même signification ; que le mot d'argot *rigoler* soit tiré du sanscrit, ce qui pourrait cependant se démontrer. Nous ne dirons pas non plus avec l'abbé *** que le mot *sac*, qui se retrouve dans toutes les langues, se soit ainsi conservé jusqu'à nous, parce qu'à l'époque de la dispersion des peuples et de la confusion des langues, sous les murs de Babel, personne n'oublia d'emporter son *sac!*

Ménage avouait qu'il avait cherché pendant 56 ans d'où vient *ramberge*, dans la signification de certain goût ou certaine odeur de melon, sans pouvoir trouver cette étymologie. Le brave homme y perdit son temps et son latin.

Si les étymologistes ont été parfois puérils et ridicules, la faute en est à eux-mêmes. Au moins, Rabelais savait échapper à ce reproche, en mêlant la plaisanterie à ses dissertations scientifiques : « Car *trincq* est ung mot panomphée célébré et « entendu de toutes nations, et nous signifie *beu-* « *vez*. Vous dictes en vostre monde que *sac* est « vocable commun en toute langue, et à bon droict, « et justement de toutes nations reçu. Car, comme « est l'apologue d'Esope, touts humains naissent « un sac au col, souffreteux par nature et mendians « l'ung de l'aultre. »

Quoi qu'il en soit de la valeur de quelques-unes de nos étymologies patoises, on reconnaîtra, par les exemples certains que nous avons donnés, que notre dialecte forézien, formé d'éléments aussi riches et aussi variés, aurait pu devenir une langue proprement dite, s'il eût pu atteindre à un degré suffisant de perfection de forme et de syntaxe grammaticale, et s'il eût produit des écrivains assez puissants pour l'élever à ce double résultat.

On a dit bien souvent que si Paris se fût trouvé sur la rive gauche de la Loire, nous autres Français parlerions aujourd'hui patois...

Néanmoins, dans son rôle modeste de dialecte oublié, le patois étudié sérieusement peut prêter à la science quelques lumières et quelque secours.

Nous ne voulons même pas parler de cette importance capitale que tous les patois peuvent présenter au point de vue de l'ethnologie et de l'étude générale des langues européennes, ou de l'étude spéciale du français. Quelques intéressantes que puissent être de semblables recherches, nous n'essaierons pas de les poursuivre. Un pareil travail demanderait à lui seul plusieurs volumes et des connaissances plus étendues, un savoir plus profond que.....

Nous voulons nous borner à signaler quelques aperçus curieux qui indiqueront pour le patois une utilité dont l'application est plus immédiate.

L'histoire locale pourrait y trouver des éclaircissements qu'on chercherait vainement ailleurs. Nos vieilles chartes, depuis le xiie jusqu'au xvie siècle, contiennent une foule de mots d'un usage purement local, et que Ducange n'a pu connaître. Nous trouvons, dans certains actes du Cartulaire de Savigny, le mot *lista* pour désigner une mesure de vigne : c'est la *lite* actuelle du Forez. Papon emploie, dans ses arrêts, les mots *vée, tos,* etc., « chose, propriété, acqueduc, conduit, » que le patois dit encore *veya, tou.* On trouve dans l'historien La Mure le mot *pouer,* en patois *pouâ,* pour « tailler la vigne. » Et, de nos jours, les annonces judiciaires contiennent souvent la mention « sous les *heurts,* » sous les jardins, qui appartient au langage vulgaire. Nous n'insisterons pas davantage sur ce point.

La géographie provinciale deviendrait aussi , à l'aide du patois, d'une étude plus claire, plus facile et surtout plus méthodique.

En jetant les yeux sur le dictionnaire géographique du Forez, on est frappé du retour des mêmes noms appliqués à des lieux quelquefois fort éloignés les uns des autres. Ainsi, les deux Cornillons, l'un au nord, l'autre au sud du Forez ; la Roche-Corbière, à Rochetaillée ; la Roche-Corbine, à Boën, de même que les Poyet, les Crozet, etc., ont certainement la même étymologie. Quelques-uns de ces noms sont empruntés au règne végétal. St-Bonnet-de-Couraux signifie St-Bonnet-des-*Chênes*, du patois *coura* ; le nom d'un hameau voisin, *la Roure* (lat. *robur*, chène), confirme l'exactitude de cette étymologie. Les villages de *la Chassagne* portent le même nom (en patois, *chasson*, *chausse*, chène). Fraisse, fraissinet, est le nom patois du frène ; ollagnier, celui du noisetier ; garnier, celui du pin ; fau, fayard, fayolle, celui du hêtre ; vargnon, vernois, la vernade, le vernet, celui de l'aulne, etc.

Les noms suivants : les Frans, les Essarts, Essertines, Issartaise, signifient bois et terres défrichés.

Ceux des Flaches, Flachères, les Sagnes, Pramol, Solaigue, Aveise, Aveysieux, indiquent un sol humide ou des prairies marécageuses.

Les noms purement patois de Chambon, Varennes, Verchère, Chaninat, Bourgchanin, Champas, Champages, indiquent la nature bonne ou mauvaise du terrain.

L'établissement, dans l'origine, d'une ferme ou

d'une chaumière dans une localité, a produit les noms de lieux qui suivent : le Mas, Mazet, la Chaise, Chasal, Chazaux, Chazelles, Cazalet (de *mansus* et *casa*, habitation et chaumière).

C'est à regret que nous nous arrêtons dans cette nomenclature de noms de lieux qui nous entraînerait trop loin. Car nous ne connaissons rien de plus intéressant que cette étude géographique de son pays, qui est impossible sans la connaissance du patois.

La géographie générale de la France a tout à gagner dans ces études de géographie provinciale. Les cartes du Lyonnais, du Beaujolais, du Velay, de la Bresse, du Dauphiné, nous offrent une multitude de noms qui se retrouvent en Forez souvent identiquement les mêmes, quelquefois avec de simples différences de terminaison.

Ces différences sont du reste soumises à des règles qu'il serait peut-être possible de généraliser.

En Lyonnais, par exemple, beaucoup de noms anciens se terminent en y : Marcilly, Savigny, Legny, Grigny, etc.

Dans la plaine du Forez, nous trouvons : Marcillieu, Savigneux, Leignieu, Grézieux, indépendamment de la première forme, dont il existe aussi quelques exemples. Le patois les confond du reste dans la même prononciation : Savigny et Savigneux se prononcent *Savignaô*.

Dans les montagnes du Forez, les noms affectent la finale *ec* : Bransiec, Seyssiec, Legniec, Reriec, Uliec, Sommeriec, etc. En approchant du Velay et de l'Auvergne, la terminaison *ac* est dominante.

Cette dernière forme est la plus primitive; *ac*, latinisé en *acus*, par les Chartes du Moyen-Age, signifie, en Celtique, habitation. La première partie du mot est ordinairement un nom propre, et pour les localités anciennes, peut-être celui d'un affranchi gallo-romain : ainsi Marcelli-ac, Sabini-ac, signifierait habitation de Marcellus, de Sabinus (1).

Il n'est pas jusqu'au blason, science trop négligée, qui ne puisse trouver d'utiles renseignements dans le patois. Sans parler des termes que cette science a empruntés à la langue romane, et qui peuvent être restés dans nos idiomes, les armoiries parlantes de plusieurs familles foréziennes seraient incompréhensibles sans l'aide du patois.

Quelques exemples suffiront pour démontrer que notre proposition est sérieuse.

Grailhe de Montayma porte d'argent au hêtre de sinople, accompagné de deux *grailles* ou corbeaux de sable, etc.

Chirat de Souzy : d'azur au lion d'or grimpant contre un *chirat* ou tas de pierres d'argent.

Challaye : d'argent à une main tenant trois rameaux de *challaye* ou fougère au naturel, etc.

(1) Il serait facile d'étendre cette observation à d'autres départements. Dans celui de l'Ain, par exemple, l'ancienne Dombes a conservé les noms en ieux : Savignieux, Mizerieux, Reyrieux, Parcieux, etc. Dans la Bresse, les noms se terminent fréquemment en at : Mezeriat, Ceyzeriat, Chaveyriat, Montagnat, etc. Et nous trouvons enfin, dans les montagnes de Gex, Chalex, Ornex, Echevenex, Lelex, etc.

Les Ollagnier ont un noisetier ou ollagnier dans leur blason ; les Fayard, Fayeul, La Faye, un fayard ou hêtre ; les Vernes de Puylaurens, Verne de Bachelard, La Vernade, etc., un verne ou aulne ; les Chausse de Sommeriec, un chausse ou chêne, etc.

Telles sont les observations principales que nous avions à présenter au sujet de l'utilité que diverses sciences peuvent trouver dans l'étude de nos dialectes patois.

CHAPITRE II

DIALECTES DU PATOIS FORÉZIEN

Le patois du Forez appartient à la langue d'Oc,
non-seulement par les caractères généraux du langage, mais encore par la similitude frappante des
idées, des images, des locutions proverbiales, enfin
par une parenté de mœurs incontestable. Quelques
chartes de la fin du xiiie siècle, écrites en langue
vulgaire, nous prouvent qu'à cette époque le languedocien était compris et conséquemment parlé
dans le Forez.

A la vérité, nous ne pouvons pas dire avec les
Provençaux :

« La langue nationale vient d'éclore ! »

Non : notre patois, depuis longtemps, bat en
retraite devant la langue française. N'ayant ni Jasmin, ni Mistral pour le reconstituer, il se dénature
incessamment sous l'influence de la civilisation, et
bientôt il n'aura plus d'existence à lui.

La multiplicité des dialectes qui le composent
est, à notre avis, une preuve évidente de décadence.

Pour l'étranger, tous nos idiomes foréziens pa-

raissent identiques, mais les nuances qui les distin-
guent sont parfaitement perceptibles pour l'oreille
des indigènes, à tel point qu'un paysan, pour peu
qu'il s'éloigne de son village, est de suite reconnu
à son accent, et qu'on peut lui dire, sans crainte
de se tromper : « Vous êtes de tel endroit. »

Une chose qui paraît d'abord invraisemblable,
c'est que, dans une même ville, les habitants des
divers quartiers ne parlent pas précisément le même
dialecte. Les corporations, les professions héréditai-
res ont conservé des idiotismes particuliers. Nous
n'en voulons pour preuve que le jargon des bouchers de St-Etienne, bien différent du patois gaga :
la légende malicieuse prétend qu'ils ont eu un singe
pour professeur. A Montbrison, les patois des fau-
bourgs de la Croix et de la Madeleine, des quartiers
de Bourgneuf et de la Porcherie, offrent des variantes analogues. Les villages de Moingt, d'Ecotay, de
Champdieu, qui en forment pour ainsi dire la ban-
lieue, se trouvent dans le même cas. Il y a trois
patois différents au Chambon ; et à Roanne, qui
pourrait confondre un marinier avec un simple
citadin, en les entendant causer ?

Il ne faut pas croire, en effet, que le voisinage de
deux villages établisse entre eux une communauté
de langage. Les patois de Beaulieu, près de Bourg-
Argental, et de Sury, ressemblent beaucoup plus à
celui de St-Etienne que celui de quelques localités
voisines, Tarentaise ou St-Genest, par exemple,
dont la forme est tout-à-fait montagnarde. St-Genis-
Terrenoire est voisin de Rive-de-Gier, et pourtant

le parler sourd et nasal des habitants de ce village sonne désagréablement aux oreilles des Ripagériens. A Jonzieu, on ne se sert pas des pronoms dans les conjugaisons; ils sont usités dans le village le plus voisin.

On peut prévoir dès lors que le classement administratif est loin de cadrer avec les limites philologiques, dont les causes sont bien étrangères à celles qui ont présidé aux circonscriptions territoriales.

Nous avions eu, de prime abord, l'intention de classer les divers dialectes du Forez, en les ramenant à des règles générales, en dressant des tableaux où chaque prononciation se touvât indiquée. Mais ce travail, outre qu'il était fort long, présentait aussi de grandes difficultés, comme on peut en juger par un simple fait.

Les patois de Feurs, de St-Germain-Laval et de St-Just-en-Chevalet, offrent des affinités frappantes. Considérés dans leur ensemble, c'est la même langue. Ainsi, *œuf* se prononce *ué* dans ces trois localités. Mais *bœuf* se dit *buai* à St-Just, et *bou* à St-Germain et à Feurs; *chèvre* se dit *chire* à Feurs, et *chiara* à St-Just; *yeux* se prononce *ayes* à St-Just, *yeux* à Feurs, et *aès* à St-Germain; ainsi de suite.

En présence de résultats aussi peu positifs, on tombe immédiatement dans la confusion. Si certains sons paraissent entrer dans une combinaison préalablement adoptée, d'autres mots, au contraire, ne suivent pas du tout le même système.

Après bien des essais infructueux, nous avons renoncé à notre projet. Tel idiome ressemble à tel autre : voilà le fait; l'explique qui pourra. Cette explication n'est pas impossible, nous en sommes convaincus, mais nous devons avouer qu'un pareil travail nous a effrayé. On trouverait probablement, dans ces variations inexplicables, des études d'ethnologies fort intéressantes, mais ici surtout nous déclinons notre compétence.

Toutefois, on peut établir de grandes divisions, basées sur des principes certains et universellement reconnus.

Les montagnes qui avoisinent le Velay et l'Auvergne ont conservé un langage plus pur et plus énergique. Celui d'Usson se fait remarquer par une foule de mots originaux, une grande quantité de diminutifs, par la forme auvergnate des verbes, les *v* changés en *b*, les *d* durcis, le pluriel des noms féminins, etc. Celui de Jonzieu, sur les limites du Velay, offre les mêmes caractères. On peut ranger dans la même catégorie les dialectes des montagnes de St-Bonnet-le-Château : Périgneux, Luriec et St-Jean-Soleymieux; ce dernier affecte des tournures espagnoles et nous a paru fort harmonieux, surtout en comparaison de celui de Marols, village qui ne se trouve qu'à quatre kilomètres du précédent.

Les dialectes de la plaine du Forez sont plus lents, plus fades, moins accentués. Si l'on veut trouver le vrai patois forézien, sans trop d'altération, il faut aller le chercher dans les montagnes de St-Georges-en-Couzan et Chalmazelle, de St-Just-en-Chevalet et Cremeaux; car dans les villes de noblesse, de bourgeoisie ou de chicane, comme à

Montbrison, le français officiel a laissé de profondes traces.

Les villes manufacturières, au contraire, ont plus énergiquement résisté à cette invasion. *Sant-Thiève, Revardegi, Sant-Chaumont* et *Gibors* parlent un langage sonore et criard, un vrai patois de *forum*, de marché public. A St-Etienne, une des principales villes de France, le patois est encore profondément enraciné; ouvriers et patrons lui conservent une égale affection.

Dans ce qui précède, nous avons omis de parler du Roannais. C'est qu'en effet le Roannais ne rentre pas dans notre classement philologique. Il appartient au Bourbonnais, et cette province, si nous ne nous trompons, fait partie du pays de langue d'Oil. Là, sauf l'idiome professionnel des mariniers de la Loire, sauf l'accentuation, le zézaiement, etc., le langage n'est que du français dénaturé. La ligne de démarcation entre le Nord et le Midi n'est pas nettement établie, mais on pressent qu'on n'a que quelques pas à faire pour l'avoir dépassée.

On comprendra facilement que l'étude géographique de nos patois, même en la restreignant aux grandes divisions que nous venons d'indiquer, demanderait un volume. Nous nous contenterons de donner ici quelques spécimens des divers dialectes du Forez : chansons, fables ou contes, copiés aussi soigneusement que possible, quant à la prononciation. La traduction accompagnera les plus difficiles.

§ 1. PATOIS DE LA MONTAGNE

LE PLEN-POUGNET

(Conte en patois d'Usson)

Ein co y aya na fenna qu'aya tris pitits. Se voulia dipeitâ de vun; lous envouyé éu béu et lious bailé de pis per semenâ per le tchami. Aya dit éu dous proumiers : « Semenaris aquelous pis per recounûtre votre tchami. Agneré bian loin et laissaris le petiot guiens le béu. »

Lous pitits faguéron aquo que la mère lous aya die. Laissaron le pitiot quiens le béu. Mas le pitiot Plen-Pougnet, quand vegué que sous freres eron parti, prengué ein tchami et se souvengué qu'ayan semenâ de pis et courigué djuqu'a qu'agué troubà le tchami. Se rendé vez tchiez-se, troubé la porta sarra et tacouné à la fenêtra.

La mère fugué tout attrapa de le vire arriba; criava : « Mère, bada-me. »

La mère gli badé et gli digué : « D'ont venis, mon pitiot ? » Et se, gli conté que sous freres l'ayon perdu. Era tout mouilla. Sa mère alliumé le fiat et le fagué tchéufà.

Le lendema, lous tourné envouyâ éu béu et lious digué de le perdre per tout de bon, et le perdéron.

Plen-Pougnet, en s'en vegni, troubé ein biéu qu'appelavan le Biéu-Mouré. S'era asseta derrière na pari, et le biéu le prengué per ein chardon et l'avalé.

Le lendema, sa mère agui ein remords de conchensa;
tutta la neu aya vegu le diable que l'empourtava.

Se boute à charcha son pitiot, et le sunnava : « Plen-
Pougnet, vont sei ? »

En le sunnâ, passé djouta le Biéu-Mouré, et se, gli
riponde : « Sei guiens le ventre déu Biéu-Mouré. »

La mère se désulava de senti son pitiot guiens le
ventre déu biéu. Sabbia pas couma faire per l'avî,
quand tout d'cin vun co, le Biéu-Mouré fagué vun
bousat, et Plen-Pougnet ley se troubé.

—◇o◇—

TRADUCTION

Il y avait une fois une femme qui avait trois enfants.
Voulant se débarrasser de l'un d'eux, elle les envoya au
bois et leur donna des pois pour semer par le chemin.
Elle avait dit aux deux aînés : « Vous sèmerez ces pois
pour reconnaître votre chemin. Vous irez bien loin et
vous laisserez le plus jeune dans le bois. »

Les enfants firent ce que la mère leur avait dit. Ils
laissèrent le petit dans le bois. Mais le petit Plein-Poing
(gros comme le poing), quand il vit que ses frères étaient
partis, prit un sentier et se souvint qu'ils avaient semé
des pois, et il courut jusqu'à ce qu'il eût trouvé son
chemin. Il se rendit chez lui, trouva la porte fermée et
frappa à la fenêtre.

La mère fut toute surprise de le voir arrivé; il criait :
« Mère, ouvrez-moi. »

La mère lui ouvrit et lui dit : « D'où viens-tu, mon
enfant ? » Et lui, raconta que ses frères l'avaient perdu.
Il était tout mouillé. La mère alluma le feu et le fit
chauffer.

Le lendemain, elle les envoya de nouveau au bois et leur dit de le perdre pour tout de bon, et ils le perdirent.

Plein-Poing, en s'en retournant, trouva un bœuf qu'on nommait le Bœuf-Noir. Il s'était assis derrière un mur, et le bœuf, le prenant pour un chardon, l'avala.

Le lendemain, sa mère eut un remords de conscience; toute la nuit elle avait rêvé que le diable l'emportait.

Elle se met à chercher son enfant, et l'appelait : « Plein-Poing, où es-tu ? »

En l'appelant, elle passa près du Bœuf-Noir, et l'enfant lui répondit : « Je suis dans le ventre du Bœuf-Noir. »

La mère se désolait de sentir son petit dans le ventre d'un bœuf, et ne savait comment faire pour l'en sortir, quand tout d'un coup le Bœuf-Noir fit une bouse, et Plein-Poing s'y trouva !

Ce conte est peut-être inférieur comme esprit et comme intérêt au « Petit-Poucet, » de Perrault, mais il nous paraît ne pas manquer d'une certaine fraîcheur native. Il ne faudrait pas croire, en effet, que ces fabliaux soient des réminiscences du spirituel conteur dont nos paysans n'ont jamais ouï parler; ce fut lui, au contraire, qui s'inspira des traditions du peuple. Le Petit-Poucet est populaire dans nos montagnes. Nous en avons entendu raconter la légende avec une foule de variantes. En voici quelques fragments empruntés au patois de St-Jean-Soleymieux. Le nom du héros est légèrement modifié, mais il a la même signification.

« Le Gros-d'in-Pion parâve in bio; s'ère bittot der-
rier in tsau. En mindzant le tsau, le bio mindzé le
Gros-d'in-Pion. Le maître tua le bio, et le tsat que pas-
set, tourné mindzâ le Gros-d'in-Pion. »

Le voyage de l'enfant continue. Le chat fut tué, et
le chien mange de nouveau le pauvre Gros-comme-le-
Poing. Mais le loup dévora le chien : nouveau changement de domicile.

« Vetiot que lou Lû n'ère bian ennuyot; pouyë pas
mindzâ lous moutous couma lz autres. Quand allâve
vez les bardzères, le Gros-d'in-Pion, qu'ère dins son
ventrou, guélâve : gara, gara, que lou Lû vint mindzâ
voutrés feyes. »

Dans cette situation critique survint le compère Renard qui conseilla au Loup de passer entre deux pins
très-rapprochés l'un de l'autre, afin que la pression pût
le délivrer d'un hôte aussi incommode; ce qui fut fait.

Le « Gros-d'in-Pion » eut aussi une aventure avec
des voleurs. Il était monté sur un arbre.

« Au y oyit de vouleurs qu'ayan voulot d'ardzent,
et l'allèron partadzà dins lous boés. Au dizion au maître vouleur : baille me iquen mî (*bis*). Le Gros-d'in-Pion
qu'ère à la cimo, dizé : et iquen mî (*ter*). »

Le maître voleur tua un de ses camarades, de colère;
mais l'enfant criait toujours : « et ma part. » Si bien
que le chef des voleurs, après avoir tué tout le monde,
jeta, dans sa fureur, l'argent au pied de l'arbre, et
s'enfuit.

Le petit bonhomme descendit et ramassa l'argent
« que fuguère tout par se. »

LA PITETA ET LE LOUP

Ein co, ly aya na piteta qu'anava vire sa grand'-mère; aya ein pite pagnelou ante ly ayont bouta deguiens ein pite burou et de froumadjous. Quand fugué en tchami, rencountré le loup que gli digué : von vas piteta ?

— « Vaou vire ma grand'mère.

— « Que gli porté, piteta ?

— « Ein burou et de froumadjous.

— « De quun tchami volis passâ ? d'aque de las peirettas ou de las épieunettas ?

— « D'aque de las épieunettas, per gny n'en pourta.

— « Mas ton panier t'empeitara. Baila-me le, ieu te le pourtarai. Vaou passâ d'aque de las peirettas, et nous troubarens vè la porta de ta grand'mère. »

La piteta gli bailé le panier. Le loup courigué bian per arribâ le proumier. Quand fugué à la porta, tacouné. La grand'mère digué : qual i aquo ?

— « Aquou ei votra piteta filla que vous vai vire.

— « De que m'addiusi, ma piteta ?

— « Ein burou et de froumadjous.

— « Téra la bobinetta et le lliquet toumbara. »

Le loup le fagué, entré, et quand fugué deguiens, tourné sarrà la porta et tué la grand'mère. Bouté soun sang guiens vun plat sous la teula, et sa vianda guiens le placard, quand n'agué prou mandza, et s'ané dzeira guiens le lei de la grand'mère.

La piteta arribé, tacouné couma se, et le loup gli
digué : téra la bobinetta, le lliquet toumbara.

— « Que m'addiusi, ma piteta? gli digué le loup.

— « Vous addiuse d'épieunettas. Vous addiuya ein
burou et de froumadjous; ai trouba le loup que me
lous a preis. Aya péure que me mandzesse et gli lous
ai dunna.

— « As bian fait, ma piteta.

— « Grand'mère, ai bian fouan.

— « Bada le placard, troubaras de vianda guiens
vun plat, et la mandzaras. »

Le loup gli digué le temps que mandzava :

— « Mandze la tchar de ta grand'mère!

— « Que dézé, grand'mère? que mandza votra tchar !

— « Te déze de bian t'accoueitâ per te vignî coutchâ.

— « Grand'mère, ai bian se.

— « Bieuva guiens daquel plat qu'ei sous la teula. »

Quand buvia, le loup gli digué :

— « Bieuvis le sang de ta grand'mère!

— « Ah! grand'mère, de que diezé? que bieuve
votre sang !

— « Non, te dieze qu'ai cent ans.

— « Grand'mère, ai bian souan.

— « Vène te coutchâ dzauta ieu. »

Quand la piteta fugué guiens le lci, troubé de tcham-
bas tuttas bourruas.

— « Grand'mère, qu'avez de bourra per las tcham-
bas?

— « Aquou ei de vegliessa, de trainessa. Ai tant
traina per le béu et per las terras.

— « Grand'mère, qu'avez las onglas londzas?

— « Aquou ei la vegliessa, etc.

— « Grand'mère, avez las dents tant londzas?

— « Aquou ei per te mandzâ. »

Et le loup mandze la piteta, et se n'ané bian coun-
teint.

Einque, quand troubaris per lous tchamis n'homme
que vous véudra pourtâ votre pagnelou, l'acoutaris pas,
faris votre tchami, perçaque vous poueira mandzâ.

—◇o◇—

TRADUCTION

Il y avait une fois une petite fille qui allait voir sa
grand'mère. Elle avait un petit panier où on lui avait
mis une petite molette de beurre et des petits fromages.
Quand elle fut en chemin, elle rencontra le loup qui
lui dit : où vas-tu, petite ?

— « Je vais voir ma grand'mère.

— « Que lui portes-tu, petite ?

— « Du beurre et des fromages.

— « Par quel chemin veux-tu passer ? par celui des
petites pierres ou par celui des épingles ?

— « Par celui des épingles, pour lui en porter.

— « Mais ton panier t'embarrassera. Donne-le moi,
je te le porterai. Je veux passer par le chemin des pierres, et nous nous trouverons à la porte de ta grand'-
mère. »

La petite lui donna le panier. Le loup courut pour
arriver le premier. Quand il fut à la porte, il frappa.
La grand'mère dit : qui est-ce ?

— « C'est votre petite fille qui vous vient voir.

— « Que m'apportes-tu, ma petite ?

— « Du beurre et des fromages.

— « Tire la bobinette et le loquet tombera. »

Le loup le fit, entra, et quand il fut dedans, referma

la porte et tua la grand'mère. Il mit son sang dans un plat, sous la table, et sa chair dans le placard, quand il en eut assez mangé. Puis il s'alla coucher dans le lit de la grand'mère.

La petite arriva, frappa comme lui, et le loup lui dit : tire la bobinette, le loquet tombera.

— « Que m'apportes-tu, ma petite ?

— « Je vous apporte des épingles. Je vous apportais du beurre et des fromages ; j'ai trouvé le loup qui me les a pris. J'avais peur qu'il me mange, et je les lui ai donnés.

— « Tu as bien fait, ma petite.

— « Grand'mère, j'ai bien faim.

— « Ouvre le placard, tu trouveras de la viande dans un plat et tu en mangeras. »

Et pendant qu'elle mangeait, le loup lui dit : tu manges la chair de ta grand'mère !

— « Que dites-vous, grand'mère ? que je mange votre chair !

— « Je te dis de te dépêcher, pour venir te coucher.

— « Grand'mère, j'ai bien soif.

— « Bois dans le plat qui est sous la table. »

Et pendant qu'elle buvait, le loup lui dit : tu bois le sang de ta grand'mère !

— « Oh ! grand'mère, que dites-vous ? que je bois votre sang !

— « Non, je te dis que j'ai cent ans.

— « Grand'mère, j'ai bien sommeil.

— « Viens te coucher près de moi. »

Quand la petite fut dans le lit, elle trouva des jambes toutes velues.

— « Grand'mère, que vous avez les jambes velues ?

— « C'est de vieillesse et de fatigue. J'ai tant traîné dans les bois et dans les terres.

— « Grand’mère, que vous avez les ongles longs ?
— « C’est de vieillesse, etc.
— « Grand’mère, que vous avez les dents longues ?
— « C’est pour te manger. »
Le loup mangea la petite et s’en alla content.

Ainsi, quand vous trouverez par les chemins un homme qui voudra porter votre panier, vous ne l’écouterez pas, mais vous ferez votre chemin, parce qu’il pourrait bien vous manger.

Comme comparaison, nous donnons ci-après le même conte en patois de St-Jean-Soleymieux.

LA PETSITA ET LOU LU

(Counte en patois de Sant-Djuan-Souleimi)

Lequ'un dio? « lequel dis-je? » telle est la formule générale du conteur, embarrassé de choisir dans son répertoire.

Ly ayit una fenna que luycit sa petsita, et sous maîtres ny feséront parie d'eclots de far.

« Quand t'auras fignië tous eclots, t'eiras vez ta mère. » Quella petsita lous jeteit par les peires par lous cassâ.

Quand lous ayit cassot, s'en tornet. En tchemî, trouvet lou Lû.

— « Ount vais, petsita?

— « O vez ma mère qu'eit malaoda.

— « Par quun tchemî vollië passâ?

— « Volle passâ par tchemî de les epingles; n'ei pourtaraè quauqu'une à ma mère.

— « Et me passe par lou tchemî de les aiguilles. »

Lou Lû arrivet à la porta et tabutet.

— « Qu'ov eit?

— « Eit me, mère.

— « Petsita, tira le courdzu. »

Lou Lû entreit et allit tuè la mère. Au betteit le sang dïns na bichi et la tsar dïns la liète. Et se dzia dïns le let.

Ores, la petsita arrivet.

— « Qu'ov eit ?

— « Eit me, badâ-me, mère ?

— « Tira le courdzu.

— « O mère, qu'ai fam !

— « Vais dïns le tirau, mindzarë tsar.

— « O mère, qu'ai sei !

— « Prends la bichi, ly a de vïn.

— « O mère, qu'ai chün !

— « Vïns te dzère au me.

— « O mère, la granda bourra qu'ayez !

— « Eit la vieillessa,
    La trainessa
    Qu'ai tant trainot
    Pa lous bos.

— « O mère, quuné grands onglies qu'ayez !

— « Cou eit la vieillessa
    La trainessa
    Qu'ai tant trainot
    Pa lous bos.

— « O mère, quuné grand'dents qu'ayez !

— « Aquou eit pa te mindzâ. »

Et la mindzeit.

LA PETITE ALOUETTE

Notro petito alouvetto
Trop mati s'est leva,
 Oh ! dera, deri, dera.

Chur na brantso de sauzo
S'est alla reposâ.

La brantso y n'etant feble
La laissot toumbà.

Rouchigneu sauvatche
L'est allà levà :

— « Petito alouvetto,
 Te chiais faite mà.

— « Me chio brisâ l'ale,
 Nai lou cœur blessa.

— « Petito alouvetto,
 Que paurias mindza?

— « De grans de dzanièvre,
 Si pouyas trouvà.

— « Petito alouvetto,
 Pauras plus tsantà.

— « Qui ne sei pas Paques
  Et le mais d'avria,
  Tournarae tsantâ.

— « Petito alouvetto,
  Pauras plus voulâ.

— « Quand lous blas sount grands,
  Que les beties tchangeont de piat,
  Que les filles voront tant se mariâ,
  Tournarae voulâ.

— « Petito alouvetto,
  Pauras plus nitsà.

— « Par delai les roches,
  Vez lous grands bala.
  Tournaraé nitsâ :

  Quand ma ména sara grande,
  M'aidarant voulâ. »

———: c :———

TRADUCTION

Notre petite alouette, trop matin s'est levée,
Sur une branche de saule s'est allée reposer.
La branche étant trop faible, l'a laissée tomber.
Le rossignol sauvage est venu la relever.
— « Petite alouette, tu t'es fait mal.
— « Je me suis brisé l'aile, et j'en ai le cœur blessé.

— « Petite alouette, que pourrais-tu manger?

— « Des graines de genièvre, si tu pouvais en trouver.

— « Petite alouette, tu ne pourras plus chanter.

— « Que Pâques revienne, et le mois d'avril, je recommencerai à chanter.

— « Petite alouette, tu ne pourras plus voler.

— « Quand les blés sont grands, que les bêtes changent de peau, et que les filles ont tant envie de se marier, je recommencerai à voler.

— « Petite alouette, tu ne pourras plus nicher.

— « Là-bas, derrière les roches, vers les grands genêts, je recommencerai à nicher; et quand mes enfants seront grands, ils m'aideront à voler.

LE PINSON ET L'ALOUETTE

(Patois de Saint-Jean-Soleymieux)

Le quissu et l'alovetta
Se maridavon tout dous,
    L'enfant larirette,
    L'enfant lalirou.

Quand venguèron d'epousâ,
Au n'ayon ren pa dinâ,
    L'enfant larirette, etc.

Delai n'en vint un gros lû,
Au de bacon sus soun bras.

Par de tsar n'en avans prou,
Mais de pan, que farans nous ?

Delai n'en vint un gros tchi,
Au d'un pan tout entië.

Par de pan n'en avans prou,
Mais de vin, que farans nous ?

Delai n'en vint le renard,
Au soun barlet sous la quoua.

Par de vin n'en avans prou,
Ma dansers, que farans nous ?

La piôse saute dau lie,
En dansant jusqu'au planchi.

Par dansers n'en avans prou,
Do violounaire que farans nous?

Delai n'en vint un gros rat,
Au soun violu sus le bras.

Che me paras dau minau,
Io toutcharin ben ïn pot.

Dau minau te pararans,
La minaude ne pouerot.

Delai n'en vint un gros tsat,
Qu'emporte lou petit rat.

—◇o◇—

TRADUCTION

Le pinson et l'alouette se marièrent tous deux.

Quand ils revinrent d'épouser, ils n'eurent rien pour diner.

De là-bas vint un gros loup, avec du lard sous le bras.

Pour de viande, nous en avons assez, mais pour du pain, que ferons-nous?

De là-bas vint un gros chien, avec un pain tout entier.

Pour du pain, nous en avons assez, mais pour du vin, que ferons-nous?

De là-bas vint le renard, avec un baril sous la queue.

Pour du vin, nous en avons assez, mais des danseurs, comment ferons-nous?

La puce saute du lit, en dansant jusqu'au plancher.

Pour des danseurs, nous en avons assez, mais un joueur de violon, comment ferons-nous ?

De là-bas vint un gros rat, avec son violon sous le bras.

Si vous me défendez du chat, j'en toucherai bien un peu.

Nous te défendrons du matou, et la chatte ne pourra rien sur toi.

De là-bas vint un gros chat, qui emporte le petit rat.

———

LES NOCES DE L'ALOUETTE
ET DU PIGEON

(En patois de Jonzieu)

L'aréouvette et le pïndzou
Faguëron un petit mariadzou,
    La tante Urlette,
Faguëron un petit mariadzou,
    La tante Urlou.

Quand au vïnguëron d'epousà,
Au trouvëron rien par mindzà.

N'en vünt delaë le bourondjiais,
Au sa mitso sous le brais.

Pour de bon pain nous n'avons prou,
Mais de viande quant ferons-nous?

N'en vünt delaë le boutiais,
Au soun quarquiais sous le brais.

Pour de viande nous n'avons prou,
Mais de bon vin quant ferons-nous?

N'en vünt delaë le cabaretiais,
Au soun baricot sous le brais.

Pour de bon vin nous n'avons prou,
Mais de verres quant ferons-nous?

N'en vünt delaè le verriais,
Au sous verres sous le brais.

Pour de verres nous n'avons prou,
Mais de danseurs quant ferons-nous?

La piôse n'en sort dau lai,
En sautant jusqu'au planchiais.

Pour de danseurs nous n'avons prou,
Mais de violon quant ferons-nous?

Le rat n'en sort dau greniais,
Au son violon sous le brais, etc.

Le reste de la chanson n'offre rien de particulier.

LE LU ET LE REYNARD

(Conte en patois de Saint-Jean-Soleymieux)

Le Lû au le Reynard ayit fait ïn essart de méto, en allant à Mountartchi. Quand meyon le blot, ayon bittà de burre dïns ina bitchi. Et le Reynard qu'avêt ina tchïngletta au coué, dizit au Lû : « *Me souonon par allâ de baptisâ.* » Et aul alleit mindzâ le burre ; n'in mindzève le quart.

Et le Lû ny dizeit : « *Coument s'appelle iquo petchit ?*
— « *S'appelle Quart-Mindzot.* »
Tornant mère de blot, n'in meyeron prou. Et le Reynard torne faire etchïnglà soun etchïngle et dizit au Lû : « *Me souonont par allâ de baptisâ.* »

Et le Reynard alleit vez le burre, et n'in mindzeit la meto.

Quand au vegnit, le Lû demandeit : « *Coument s'appelle iquo petchit ?*

— « *S'appelle Méto-Mindzot,* » dizit le Reynard, et torne mère de blot.

Tot d'ïn coua, torneit etchïnglà sa cloutsetta et dizit au Lû : « *Me souonon par allâ de baptisâ.* »

Au mindzeit tut le burre qu'ère dïns la bitchi, et ny tchia dedïns, et quand le Lû ny demandeit : « *Coument s'appelle iquo petchit qu'ant baptisot ?*

— « *S'appelle Tut-Mindzot, que ny o ïn petchit pot,* » dizit le Reynard.

Et le Lû preneit fam et allot vire dïns la bitchi ; au voulit mindzâ le Reynard.

— « *Me mindza pas*, ny dizit-au, *erïns dïns in charnie que ly o bian de lard, mas ny oye mâ in petchit partsu par passâ.* »

Le Lû passeit tut de mêmou, et n'in mindzeit dépé que n'en poye plus passâ.

Et le Reynard au guelêve : « *Couriez, couriez, que le Lû mindze tut votrou lard.* »

Ley courrèron au de barres, mas le Lû s'in sauveit, et torneit voulì mindzâ le Reynard.

Au lli dizët : « *Me mindza pas, io te menarai dïns in endrët que ly o bian de trucites.* »

Ly attacheron un pagni à la quoua, et au lie de ly bittà de trucites, ly bitteron de peires et ly arratcheron la quoua.

« *Iquo coua*, dizeit le Lû, *te volou mindza.*

— « *Me mindza pas*, dizeit le Reynard, *te farai bittâ ina quoua d'étoupa, et te menarai dïns na font que ly o bian de burre.* »

> Et que n'era mâ ina peira blantchi.
> Le Lû sauteit dedïns et s'in niyeit.
> Les bardzères fezèron ïn barnau.
> Et mes cardes ny demourèvon.....

—◦—

TRADUCTION

Le Loup avait fait un défrichement avec le Renard, sur la route de Montarcher. Quand ils moissonnèrent le blé, ils mirent du beurre dans un pot (pour leur repas). Le Renard, qui s'était attaché une clochette au cou, dit à son compagnon : « On m'appelle pour aller à un baptême. » Il alla manger le beurre et en dévora le quart.

A son retour, le Loup lui dit : « Comment se nomme l'enfant?

— « Il se nomme Quart-Mangé. »

Ils recommencèrent à moissonner et firent assez d'ouvrage. Puis le Renard agita de nouveau sa sonnette en disant : « On m'appelle pour un baptême. »

Et le Renard retourna vers le beurre et en mangea la moitié.

Quant il revint, le Loup lui demanda : « Comment nomme-t-on cet enfant?

— « Il se nomme Mi-Mangé, » etc.

Bref, le Renard recommence le même manége et mange le reste. Puis il remplit le pot.....

Mais le Loup prit faim, et quand il connut le tour que lui avait joué son associé, il voulut le manger.

— « Ne me mange pas, dit le Renard, nous irons dans un charnier où il y a beaucoup de lard, mais il n'y a qu'un petit trou pour passer. »

Le Loup y passa quand même, et mangea jusqu'à ce qu'il ne put plus sortir.

Et le Renard criait : « Courez, courez, le Loup mange votre lard. »

On y courut avec des barres de bois, mais le Loup parvint à s'échapper. Il voulut de nouveau manger le Renard.

Celui-ci lui dit : « Ne me mange pas, je te mènerai dans un endroit où il y a beaucoup de truites. »

On attacha un panier à la queue du Loup, et au lieu d'y mettre des truites, on le remplit de pierres, si bien qu'on lui arracha la queue.

« Cette fois, dit le Loup, je vais te manger.

— « Pas encore, dit le Renard, je te ferai mettre une queue d'étoupe, et te conduirai vers une fontaine où l'on a mis rafraîchir du beurre. »

> Mais ce n'était qu'une pierre blanche.
> Le Loup sauta dedans et se noya.
> Les bergères en firent un feu de joie.
> Et j'y laissai mes peignes à carder.

Cette conclusion du conteur villageois réclame une explication.

Lorsque quelqu'un raconte une histoire invraisemblable, on suppose toujours qu'il l'a apprise aux veillées des cardeurs de chanvre, où l'on ne débite que des mensonges, et l'on demande au menteur : « Est-ce que tu cardais dans ce pays-là ? »

Notre conteur prévient la plaisanterie en avouant qu'*il y a laissé ses cardes.*

Nous avons entendu aussi une autre conclusion. « Je pris mes *brayes de papier gris*, mais le vent les déchira, si bien que je montrais le... dos à tous les passants. »

Marcellin Allard, dans sa *Gazzette françoise*, termine un chapitre par ces mots :

« Adonc fut jour, *et lou cayon chantet.* » C'est une parodie de la conclusion des anciens contes : alors il fit jour, et le coq chanta.

L'AGRÉMENT DU MARIAGE

(En patois de la Montagne)

Quand j'étïns jeune cadet,
   Toujours fringayïns.
Voulaye bien me maridà,
   Mais io n'osayïns,
     La ri tou.
Par avaé prou penna,
Qu'arrivara ben toujours,
Acoure qu'ou vegne.

N'ai pas eu restot cinq ans
   Dans le maridageou,
Qu'ayïns quatris effants
   La mère grossi,
     La ri tou.
   La mère grossi.
Gïn de pan dïns la mouesu,
   Eiquo m'etrossi.

Quand vegneit de vez le saé
   De ma journada,
Creyïns de m'all' amusà
   Avoué ma meinada ;
L'un que demande de pon,
     La ri tou,
   L'autre de bûre.
N'y a gïn dïns la mouesu,
   Faudrot m'enfûre.

TRADUCTION

Quand j'étais jeune garçon, j'étais toujours fringant. Je voulais bien me marier, mais je n'osais, la ri tou, pour avoir assez de peine, ce qui arrivera bien toujours, en quel temps que ça vienne.

Je ne suis pas resté cinq ans en ménage, que j'avais quatre enfants, et la mère enceinte. Point de pain dans la maison, cela m'assomme.

Quand venait le soir de ma journée, je croyais m'amuser avec mes enfants; l'un me demande du pain, l'autre du beurre. Il n'y en a pas dans la maison, il faudra m'enfuir.

LA BARDZÈRE

(Patois de la Montagne, sur un air de bourrée)

Quand io sères petsita,
  Petsita Margotu,
M'ayant bittot bardzère,
  Bardzère daus moutus.

N'en parâve pas guéres,
  N'en paràve mâ dous.
L'y ère ïn qu'ère borlio,
  Et l'autre ère bouétou.

Io menâve lou borlio,
  Trainâve lou bouétou.
Lous aye menot paître
  A l'ombre d'ïn bouessu.

L'ombre n'en fut gué grande,
  Me y endormet dessous.
Delai n'en vint lou lu
  Lous emportet tous dous.

—∘—

TRADUCTION

Quand j'étais petite, petite Marguerite, on m'avait mise bergère, bergère des moutons.

Je n'en conduisais guères, je n'en gardais que deux. Il y en avait un qui était borgne, et l'autre était boiteux.

Je conduisais le borgne, et traînais le boiteux. Je les avais menés paître à l'ombre d'un buisson.

L'ombre n'était pas trop grande, je m'y endormis dessous. De là-bas vint le loup qui les emporta tous deux.

LE LOUP ET LA CHÈVRE

(En patois de Jonzieu)

L'aoutrou dzour me proumenâve
Por ava, au pays bas ;
   Venez tous veire.
Por ava, au pays bas,
   Saê venias pas ?

Ovigué una tsiôrette
Que tsantâve alleluia ;
   Venez tous veire, etc.

Le loup vinguet à so porto
Se vourit faire badâ ;
   Venez tous veire, etc.

« Ebri-me, tsiôrette blantso,
« Ie t'apprendraé à tsantâ ; »
   Venez tous veire, etc.

—« Oh ! faô-pas, la laedo betiot,
« Que me vaudriais que mindzâ ; »
   Venez tous veire, etc.

« L'aoutrou dzour tegniais ma maère,
« La fagiais pas mâ beiarâ ; »
   Venez tous veire.
« La fagiais pas mâ beiarâ ; »
   Saê venias pas ?

TRADUCTION

L'autre jour, je me promenais par là-bas, au pays bas ; venez tous voir. Par là-bas, au pays bas, ne venez-vous pas ?

J'entendis une chevrette qui chantait alleluia.

Le loup vint à sa porte et voulut se faire ouvrir.

« Ouvre-moi, chevrette blanche, je t'apprendrai à chanter.

— « Oh ! non pas, la laide bête, tu ne voudrais que me manger.

« L'autre jour tu tenais ma mère, tu ne la faisais pas mal bêler. »

Il existe aussi des variantes de cette chanson. Il s'agit toujours d'un voyageur qui a visité la plaine du Forez, et qui raconte les merveilles qu'il a vues.

« Io ai trouvot doués limaces
Que labourayant avoué le naz. »

« Ai trouvot na vieilli égliesi
Qu'êre touta fracassa. »

« N'y avet dedans na chiora-bichi
Que chantâve alleluia, etc. »

Un voyage dans la plaine du Forez est le rêve des enfants de la montagne, si l'on en croit la bourrée bien connue :

> « Quand saras granda, mie.
> Quand seras granda,
> Te proumenaraé
> Pà la plana, pâ la plana.
> Te proumenaraé
> Pà la plana dau Fourez. »

Nous pourrions prolonger cette liste indéfiniment, car les contes et les chansons sont fort multipliés dans la montagne. Nous terminerons par la description d'une noce auvergnate. Dans le premier couplet, car cela se chante au besoin, bien qu'il n'y ait ni rhythme ni rime, il s'agit d'une fille qui voudrait bien se marier. Elle prétexte que la petite Claudine « qu'a la fessa touta rogni » s'est bien mariée, et elle demande à une autre femme la description de cette noce. Celle-ci lui répond avec un sérieux fort plaisant.

> — « Ant y fat na bella noçada ?
> — « Eh ! na bella noçada (*bis*),
> « Bettas aqui :

« Ny avët de lait avoué d'aiguo, de lait sans n'aiguo, de raves coueite au fiot, de raves coueite à l'aiguo, de laitië que n'en voulet. Par de pan et de vïn, n'y avet pas gïn. »

—« Ny ant y fat na bella soumada ?
—« Eh ! na bella soumada (*bis*),
   « Bettas aqui :

  « N'ant bailot treis sôs moins seis blancs ; mas si la pequita vïn à murî avant un an et n'ein jour, la soumada tourna rentrà dins la mouésou couma ta bouta raisou. »

    —« Ny ant y bailot quauqua veya maé ?
    —« Eh ! quauqua veya maé (*bis*),
      « Bettas aqui :

  « N'ant bailot na grand'terra que ny fant treis zarbottes dedans. N'ant bailot un grand prau, que quand l'anou ny fat le raz de l'avena, sa quoua est arrei dau vezïn. »

    —« Se sount y ben amusado ?
    —« Eh ! ben amusado (*bis*),
      « Bettas aqui :

  « Ant dansot, ant sautot; dansayant dans l'etrablou, que fesiant voulà la bousi jusqu'au trot ! »

—:o:—

TRADUCTION

    —« Ont-ils fait une belle noce ?
    —« Eh ! une belle noce, par-ci par-là :

  « Il y avait du lait avec de l'eau, du lait sans eau, des raves cuites au feu, des raves cuites à l'eau, du petit lait pour qui en voulait. Quant au pain et au vin, il n'y en avait point. »

—« Lui a-t-on donné une belle dot ?

—« Eh ! une belle dot, par-ci par-là :

« On lui a donné trois sous moins six blancs ; mais si la petite vient à mourir avant un an et un jour, la dot revient à la famille, comme de raison. »

—« Lui a-t-on donné quelque chose de plus ?

—« Eh ! quelque chose de plus, par-ci, par-là :

« On lui a donné une grande terre où l'on peut faire trois petites gerbes ; on lui a donné un grand pré où, quand l'âne fait le raz de l'avoine (se vautre), sa queue se trouve chez le voisin. »

—« S'est-on bien amusé ?

—« Eh ! bien amusé, par-ci, par-là :

« On a dansé, on a sauté ; ils dansaient dans l'étable et faisaient voler le fumier jusqu'au plafond ! »

§ 2. PATOIS FORÉZIEN PROPREMENT DIT

LA LUNA

(Devis entre treis parsounnageous, en patois de Mount-
bresoun)

La Nanon, fenna dau quarti, qu'est vuva et qu'a quatrou ménas ;

La Mirauda, que sou hommou n'est pas mort, que la
tabole quauque vei quand aul est saô ;

Un Curot, parsounnageou habillot de naé, que ne dit
pas grand veya.

Nanon. — Bonjou, Marion, seyis reveilla aneu ?

Mirauda. — Et ouaé, Nanon, mai vous ? D'onte vegnis-
vous si madïn ?

N. — Venou de quarre de sà pa salà noutron peurc.
N'ai plus de truffes ni de bran à ny baillà ; faudrot
mantô le buclâ ün d'iquetous jours.

M. — A-t-au proufitot depeu que l'ayit ?

N. — Oh Diê ! vou n'est mâ un petit ricuit. Aul ot prou
l'echina longi, mâ que n'ot gïn de ventrou. Et coume
iquen, voulïns vous demandà, vesina, qu'ün jour vou
est la Saint-Gilles.

M. — Ma conscienci ! faudrêt que z'au saubeissïn. Avi-
saris l'armagna.

N. — Vou est par rapport au jour qu'i se trove. Volou pas que moun lard rancessi.

M. — Surament. Vou est donc una fumella voutron cayon, que le tuas en luna nouvella? Le mine est ün mâle, le tuarans mâ en luna vieilli, que nous portarot ben à traès semanes.

N. — Pourrias tot de mêmou le tuâ dimars. Je creye que vou est ün mars de luna.

M. — Pardounaris, vou est ün jour sans luna. La luna ne vire mâ à cinq heures dau sei.

N. — N'y en ot ben que diont coume eiquen que la luna n'y fat ren, et que lunille, simplille. N'empêche que si le mondou tuyant lours cayons en mauvaisi luna, le lard ne gounflarët pas dïns la marmita.

M. — Ma faé! ouaé, et si vous le tuyas un mars, una supposition, et que Saint-Gilles seyesse un mars, voutron lard sarët ranci et artisounot.

N. — Diè, que donc! Ei senont ben les salades en luna vieilli, pa les empechâ de mountâ.

M. — Et les vignes qu'ant de forci, faut ben les pouâ en luna vieilli.

N. — Ei lunont ben lous ignons, et sant ben z'au demandâ au marchi.

M. — Et le boes mal lunot que prend des artisons.

N. — Ah! paura fenna, lous anciens n'en saviant mai que nous, et lous consaès de la luna sount bons à siôre.

Le curot que passët en lisant soun breviairou : Beati pauperes spiritu !...

TRADUCTION

La Nanon, femme du quartier. qui est veuve et a quatre enfants ;

La Miraude, dont le mari n'est pas mort, et qui la bat
quelquefois, quand il est ivre ;

Un Curé, personnage habillé de noir, qui ne dit pas
grand'chose.

Nanon. Bonjour, Marion, vous êtes réveillée aujour-
d'hui ? — Mirauda. Et oui, Nanon, vous aussi ? D'où
venez-vous donc si matin ? — N. Je viens de chercher
du sel pour saler notre porc. Je n'ai plus ni pommes
de terre, ni son à lui donner ; il faudra peut-être bien
le tuer un de ces jours. — M. A-t-il bien engraissé
depuis que vous l'avez ? — N. Oh ! ce n'est qu'une ché-
tive bête. Il a l'échine assez allongée, mais il n'a point
de ventre. Et comme cela, je voulais vous demander,
voisine, quel jour se trouve la Saint-Gilles. — M. En
conscience, il faudrait que je le sache. Vous regarderez
l'almanach. — N. C'est par rapport au jour. Je ne veux
pas que mon lard soit rance. — M. Certainement. C'est
une femelle votre cochon, puisque vous le tuez en nouvelle lune. Le mien est un mâle, et nous ne le tuerons
qu'en lune vieille, ce qui nous portera bien à trois se-
maines. — N. Vous pourriez néanmoins le tuer mardi.
Je crois que c'est un mardi de lune. — M. Faites excuse,
c'est un jour sans lune. La lune ne change qu'à cinq
heures du soir. — N. Il a des gens qui disent comme
cela que la lune n'y fait rien. Et pourtant si l'on tuait

les porcs en mauvaise lune, le lard ne gonflerait pas dans la marmite. — M. Ma foi ! oui, et si vous le tuiez, une supposition, un mardi, et que la Saint-Gilles soit un mardi, votre lard serait rance et rongé des vers. — N. Assurément. On sème bien les salades en lune vieille, pour qu'elles ne grainent pas. — M. Et les vignes fortes se taillent bien en lune vieille. — N. On *lune* bien les oignons, et les gens savent bien le demander au marché. — M. Et le bois mal *luné* prend bien des vers. — N. Ah ! pauvre femme, les anciens en savaient plus que nous, et les conseils de la lune sont bons à suivre. — Le curé qui passait en lisant son bréviaire : Bienheureux les pauvres d'esprit !...

LE GRAND VALET

(En patois de la plaine)

Véquio la Sant-Martin qu'approchou,
Noutron valët vot s'en allâ;
Vou faudrot ben creitre soun gageou,
Si voulans le faire demourâ.
Si ne pardans noutron valet,
  Ne pardrans tout,
Et ne farans mauvais ménageou,
  Me et vous.

Voutron valet que sat-au faire,
Fenna, que vous le ventis tant ?
Au sot tant ben criblâ l'avena
Et baillâ le tour dau van.
Noutron valet fait mai d'ouvrageou
  Dïns un jour
Que non pas vous, noutron maître,
  En quinze jours.

Si vous savias couma je mïngeou
Tout le long de la saison.
Me fant mingeâ de pan d'avena,
Encoure n'est pas trop bon.
N'avans ben de boun pan blanc.
  De pan moullët,
Vou est pa madama noutra fenna
  Et soun valët.

Si vous savias couma je beuve
Tout le long de la saison.
Me baillont de vïn de pialousses,
Par ma fê ! vou n'est pas trop bon.
Vous n'y o ben de boun vïn blanc,
      De vïn clarët,
Vou est pa madama noutra fenna
      Et soun valët.

Si vous savias onte je couche
Tout le long de la saison.
Me fant cuchì dïns la paille,
La têta sus lous tisons.
Vou n'y o ben de bouns laés blancs
      Dïns la maison,
Vou est pa madama noutra fenna
      Et soun mignon.

—<o>—

TRADUCTION

Voici la Saint-Martin qui approche, notre valet veut
s'en aller ; il faudra bien augmenter son gage, si nous
voulons le faire rester. Si nous perdons notre valet,
nous perdrons tout, et nous ferons mauvais ménage,
moi et vous.

Votre valet que sait-il faire, femme, pour que vous
le vantiez tant ? Il sait bien cribler l'avoine et tourner
le van (mécanique). Notre valet fait plus d'ouvrage,
dans un jour, que vous, notre maître, en quinze jours.

Si vous saviez comment je mange tout le long de la
saison. On me fait manger du pain d'avoine, encore

n'est-il pas trop bon. Nous avons bien du bon pain blanc, du pain mollet, c'est pour madame notre femme et son valet.

Si vous saviez ce que je bois tout le long de la saison. On me donne du vin de prunelles, par ma foi ! ce n'est pas trop bon. Il y a bien du bon vin blanc, du vin clairet, c'est pour madame notre femme et son valet.

Si vous saviez où je couche tout le long de la saison. On me fait coucher sur la paille, la tête sur les tisons. Il y a bien de bons lits blancs dans la maison, c'est pour madame notre femme et son mignon.

LE BOSSU

(En patois de Boën)

La Marion de Sant-Sarpi,
  Que se frisoutâve,
Que se frisoutàve d'içai,
Que se frisoutâve d'ilai,
  Que se frisoutâve.

Un boussu vïnt à passà,
  Que la regardâve, etc.

Qu'avisas, paure boussu,
  Sus pas ran ta mia.

Si te vos que je la siés,
  Faut coupâ ta bossi.

Le boussu z'au volit ben,
  Coupariant sa bossi.

Quand la bossi fut coupa,
  Le boussu plouràve.

Plouras pas, paure boussu,
  N'y bettarans na courla.

Quand la courla fut betta,
  Le cayon renâve.

Renas pas, paure cayon,
  N'en trovarans ben n'autra.

TRADUCTION

La Marie de Saint-Sulpice se frisait les cheveux.

Un bossu vint à passer, qui la regardait.

Que regardes-tu, pauvre bossu, je ne suis pas ta mie.

Si tu veux que je la sois, il faut couper ta bosse.

Le bossu voulut bien qu'on coupât sa bosse.

Quand la bosse fut coupée, le bossu pleurait.

Ne pleure pas, pauvre bossu, nous y mettrons une courge.

Quand la courge y fut mise, le cochon grognait.

Ne grogne pas, pauvre cochon, nous en trouverons bien une autre.

LA CIGALOU ET LA MAZOTTE

(Fablou en patouais de la Plana)

Una mazotte, una cigalou
S'etiant lougis sus ün poumi,
Dans l'hort de ma tanta Michallou.
L'une à la cime et l'autre au pid.

Pendant l'etaé, la chantarella,
Dempeu le madïn jusqu'au saé,
Fesët creci sa bartavella
Et chantâve le maès de maé.
Tandio que la brâva mazotte,
Sans pâdre courageou ün moument.
Souràve dïns sa cafarotte
De blà, do segle et de froument.
Quant vïnt l'hivar, la frët, la siôre.
Le criera n'ayit ren par viôre,
Niô pas una bresa de pan :
Beau-seigne ! i bramàve la fam !
I s'émoudeit, trayant sa penna,
Vez la mazotte : ah ! paura fenna !
Prèta me quauques grans de blà,
Pa m'empêchâ de decourà.
Vous rendraé la bouna mesure,
Aussitot que je pauris,
Avant la mi-aôt, vous le jure,

Et mai l'intérêt que voudris.
La mazotte n'est pas prétousa ;
I dizit à la paure hontousa :
« Et que fesias dïns les meissouns ?
— « Me ! je chantayïns de chansouns.
— « Ah ! te chantias, ma bouna mie,
« Iquen me fat ben grand plaisi,
« Iores dansa la bourrie,
« Vous te chassarot l'appetit. »

Ménas, si ma fablou est trop loungi,
Ne la tretas pas de mesoungi :
Iquelous que drugeont poulïns,
Creidez-me, s'affanont roussïns.

----·:o:·----

TRADUCTION

Une fourmi, une cigale — s'étaient logées sur un pommier, — dans le jardin de ma tante Michelle, — l'une à la cime et l'autre au pied. — Pendant l'été, la chanterelle, — depuis le matin jusqu'au soir, — faisait crier sa crécelle, — et chantait le mois de mai. — Tan. dis que la brave fourmi, — sans perdre courage un moment, — entassait dans sa caverne, — du blé, du seigle et du froment. — Quand vint l'hiver, le froid, la neige, — le cricri n'avait rien pour vivre, — pas même une miette de pain : — la malheureuse criait la faim. — Elle s'en alla, traînant sa peine, — vers la fourmi : Ah ! pauvre femme ! — Prêtez-moi quelques grains de blé, — pour m'empêcher de tomber d'inanition. — Je vous rendrai bonne mesure, — aussitôt que je pourrai,

— avant la mi-août, je vous le jure, — et l'intérêt que vous voudrez. — La fourmi n'est pas prêteuse ; — elle dit à la pauvre honteuse : — que faisiez-vous dans les moissons ? — Moi ! je chantais des chansons. — Ah ! vous chantiez, ma bonne amie, — cela me fait grand plaisir, — maintenant, dansez la bourrée, — ça vous chassera l'appétit. — Enfants, si ma fable est trop longue, — ne la traitez pas de mensonge : — ceux qui s'amusent poulains, — croyez-moi, travaillent roussins.

L'ANE DE MARION

(En patois de Feurs)

La Marion moudêve au moulin,
Përe faire modre soun grain,
Avec soun petit anou
   Martin trin trin,
   Trelin drin drin,
Avec soun petit anou,
Ei modêve au moulin.

Pendant que le moulin moulët,
Le mouni la caressët,
Le loup mingeave l'anou
   Martin, etc.,
A la porta dau moulin.

Mouni, mouni, vos avis tô
De veire moun anou qu'est mô
Et le loup que le mïnge,
   Martin, etc.,
A la porta dau moulin.

J'ai dix écus dins moun gossët,
Prenis-n'en sept, laissis-n'en treis,
Përe achetâ n'autre anou
   Martin, etc.,
Përe achetâ n'autre anou,
Përe revenî au moulin.

TRADUCTION

La Marion partait au moulin, pour faire moudre son grain, avec son petit âne, elle allait au moulin.

Pendant que le moulin était à moudre, le meunier la caressait, et le loup mangeait l'âne, à la porte du moulin.

Meunier, meunier, vous avez tort de voir mon âne qui est mort, et le loup qui le mange, à la porte du moulin.

J'ai dix écus dans mon gousset, prenez-en sept, laissez-m'en trois, pour acheter un autre âne, pour revenir au moulin.

LA GROLA ET LOU RÉNARD

(Fable en patois de la Plaine)

Una grôla, vez l'autrou sei,
Dïns la chazaère d'ün ganei,
Ayit appia ün gros froumageou,
Et fieri d'iquel héritageou,
Sû un fayard vïnt s'aguichî.
Adonc, par l'odeur allichi,
Seigne rénard que barrountâve,
Charchant quauque pilliot pardu,
Appïnche iquo frut défendu ;
Et vïnt ny dire : « Oh ! que t'es brave !
Que t'es faraud, moun bel ami !
M'assure que si toun jabri
Avente à ta roba de seye,
Vou n'y ot gïn que te valeye. »
L'uzai creyeit ce que dizit
Quo boêmou mingeô de polailles.
Au s'en fesoit petâ les viailles ;
Et pa mountrâ soun beau gôsi,
Vequio que noutra beiti neire,
Voulant ny chantâ sa chanson.
Bade le bê et laisse cheire
      Soun chioraton.
Au ne toumbeit pas à l'abada ;
Le rénard ny bettit la dent,
Et ny disit adio-coumand,
En ny fesant ina coulada :

« Moun ami, faut pas l'essoublà,
Sèque ün flatteur mïnge à la cochi
D'iquelou mondou sans cabochi
Que lous acoutont rafoulà.
Quetta liçon vaut ben, je creye.
Un matru rogearon de feye. »
L'uzai brogit sus soun fayard :
« N'y tournaraé plus. » Vou êre trop tard.

---<o>---

TRADUCTION

Un corbeau, l'autre soir, — dans le panier d'un fermier, — avait dérobé un gros fromage, — et fier de
cet héritage, — sur un hêtre vint se percher. — Alors,
par l'odeur alléché, — monsieur renard, qui errait, —
cherchant quelque poussin égaré, — aperçoit ce fruit
défendu, — et vint lui dire : « Oh ! que tu es beau, —
que tu es élégant, mon bel ami ; — je suis sûr que si
ton langage — est en rapport avec ta robe de soie, — il
n'y en a point qui te vaille. » — L'oiseau crut ce que
lui disait — cet hypocrite mangeur de poules. — Il s'en
faisait gonfler les joues, — et pour montrer son beau
gosier, — voici que notre bête noire, — voulant lui
chanter sa chanson, — ouvre le bec et laisse choir — son
fromage. — Il ne tomba pas à l'abandon. — Le renard
y mit la dent — et lui dit adieu, — en lui faisant une
révérence. — « Mon ami, il ne faut pas l'oublier, —
chaque flatteur mange aux dépens — de ces gens sans
cervelle — qui l'écoutent radoter. — Cette leçon vaut
bien, je crois, — un mauvais fromage de brebis. » —
L'oiseau murmurait sur son hêtre : — « Je n'y revien-
drai pas. » Il était trop tard.

CHANSON

Faite à l'occasion d'une réunion d'ecclésiastiques de la paroisse
de Cremeaux

(En patois de Cremeaux)

Sevos qu'o y a de nouviau
   Dïns noutra parrochi ;
I fant fêta voué Cremiaux,
   Sonnont la grand clochi :
Vou est lous prêtres dau pays
Que devons tretous venî,
   La bonna aventura...

Monsieu chanoine Rouzië,
   Avoué sa barretta
Et soun ginti mantelët
   De piau de beletta,
Au nous faé à tous honneur :
Semblou que vou est Monseigneur.

Ne faisans in biau cadeau
   A noutre n'illiesi,
In solaé de lous plus biaux,
   In joyau d'illiesi ;
Ne gli faisans qu'au present
Pa prouvà que ne l'amans.

Ne faisans ïn grand festïn
    De rejoyssanci.
Le biau jor de Saint-Martïn
    Permet la licenci.
Vou est anet que voué Cremiaux
Mingeont la vachi et lou viau.

———∘———

TRADUCTION

Savez-vous qu'il y a du nouveau dans notre paroisse :
on fait fête à Cremeaux, on sonne la grande cloche : ce
sont les prêtres du pays qui doivent tous venir.

M. le chanoine Rozier, avec sa barrette et son gentil
mantelet de peau de belette, nous fait à tous honneur :
il semble que ce soit Monseigneur.

Nous faisons un beau cadeau à notre église, un osten-
soir des plus beaux, un vrai joyau d'église ; nous lui
faisons ce présent pour prouver que nous l'aimons.

Nous faisons un grand festin de réjouissance. Le beau
jour de Saint-Martin permet cette licence. C'est aujour-
d'hui qu'à Cremeaux on mange la vache et le veau.

LA FILLI QUE SE VOT MARIA

C'est une jeune fille qui veut absolument se marier et qui répond, de la manière qui suit, à toutes les objections que lui fait sa mère.

—Ma filli, n'avans gïn de pan (*bis*).
—Mare, de pan ! (*bis*)
Ne coueirans noutron levan,
Je le volou, je le volou ;
Si vous me marias pas quet an,
Jamais le temps ne me durarot tant.

—Ma filli, n'avans gïn de vïn.
—Mare, de vïn !
N'en veus venî ün gros chïn
Ses pleines bottes de vïn,
Je le volou, etc.

—Ma filli, n'avans gïn de liët.
—Mare, ün liët !
Nous coucharans dïns le buffët,
Je le volou, etc.

—Ma filli, n'avans gïn de draps.
—Mare, de draps !
Nous coucharans dedïns un sac,
Je le volou, etc.

2:2

—Ma filli, n'avans gïn de violoun.
—Mare, ïn violoun !
N'en veus venî ïn gros rat,
Soun violoun dessous soun bras,
Et gnon, gnon, gnon,
Paurous ménas, divartis-vous.
Je le volou, etc.

— ‹o›—

TRADUCTION

Ma fille, nous n'avons point de pain. — Mère, du pain ! — Nous ferons cuire notre levain, je le veux ; si vous ne me mariez pas cette année, jamais le temps ne me durera tant.

Ma fille, nous n'avons point de vin. — Mère, du vin ! — Je vois venir un gros chien, ses pleines bottes de vin, etc.

Ma fille, nous n'avons point de lit. — Mère, un lit ! — Nous coucherons dans le buffet, etc.

Ma fille, nous n'avons point de draps. — Mère, des draps ! — Nous coucherons dans un sac, etc.

Ma fille, nous n'avons point de violons. — Mère, un violon ! — Je vois venir un gros rat, avec son violon sous son bras. Amusez-vous, pauvres enfants, etc.

§ 3. PATOIS DES VILLES INDUSTRIELLES

L'ÉLOGE DE L'AMOUR

Extrait du ballet forézien

(Patois de St-Etienne, fin du seizième siècle)

Ji creis que dessous les étiales,
Par lous chastiaux et par les viales,
Par les maisons, par les charreires,
Ren prus gourri nou se pot veire,
Ren prus atru, ni prus heroux,
Alizon, que d'estre amouroux.
Par les gourières amourettes,
Les duretés devenont blettes,
Et çou qu'est blet comma una patta,
Est long et dû comma una latta.
Lous maucoussiens, lous simplaras
N'en devenont tout affaras ;
De pereissoux et mauplaisants,
Enjosetas et bienfaisants,
De biguets aussi dreits qu'una auna,
De plats aussi ronds qu'una pauma,
De viox renoux et découras,
Joinoux, juyoux et recouras ;
Et me disiant lous devancis,
Elli apprend lous ànous à dansî.

Nio-ben echandirit les gens
Qu'ariant la mort entre les dents ;
D'equon nou se saurit passâ
Non prus qu'un jour de trapassâ.
Viquent doncque les amourettes !
Viquent les fennes et les fillettes !
Vique qu'a envia de les siôre !
Vique qu'autrament non pot viôre !...

TRADUCTION

Je crois que sous les étoiles, — par les châteaux et par les villes, — par les maisons, par les rues, — Rien de plus beau ne se peut voir, — rien de mieux ni de plus heureux, — Alison, que d'être amoureux. — Par les gentilles amourettes, — les duretés deviennent molles. — Les endormis, les imbéciles, — en deviennent tout effarés ; — de paresseux et mal plaisants, — dégourdis et bienfaisants, — de tortus aussi droits qu'une aune, — de plats aussi ronds qu'une paume, — de vieux, grognons et écœurés, — jeunes, joyeux et regaillardis ; — et comme me disaient nos devanciers, — elles apprennent aux ânes à danser. — L'amour réchaufferait même les gens — qui auraient la mort entre les dents ; — de cela l'on ne saurait se passer — pas plus qu'un jour de trépasser. — Vivent donc les amourettes ! — Vivent les femmes et les fillettes ! — Vive qui a envie de les suivre ! — Vive qui autrement ne peut vivre !...

BETTA A BEIRE ET BEUS

(Chanson en patois de St-Etienne)

Betta à beire
Et beus, cadet ;
Que trïnque et beut de ron ne désespère ;
Betta à beire
Et beus, cadet ;
L'espéronce a dous raisïns par tetet.

Notroun cura prêche que sus la terra,
Dzio nous a trat seulamont par patsî ;
Si la via n'est qu'ün catza de misèra,
Un po de vïn nous aide à la coutsî.

Parque gremî, se minâ les çarvelles,
Sus l'aveni que pot nous désoulà ?
Tant qu'au ny aura de vondêmes nouvelles
De tout malheu vous pot se counsoulà.

Beire on trïnquant, mêmou lou vïn de cochi,
Miox qu'ün Feron neye la vanita ;
Et lou plus fou, sans furâ sa cabochi,
Sus lous carrouns trove l'égalita.

Que l'ombitioux parvenu se gounfleise
Sous sa bâteuri et ses reliques d'o ;
Dous deis de vïn, si boun marchi qu'au seise
Ant mai de prix que l'oncens dau bardo.

On bareulant dessus iquetta bula,
A lios visïns lous grands portount malheu,
Fauta d'amâ ce qu'ame la crapula,
Soun Dzio, soun vïn, gardâ dou liards de cou.

De tous lous lats, par omplire sa saqua,
Pot-ou rognì couma lou pousseda?
N'attendouns pas d'avé posa casaqua
Par qu'ün ami trïnque à notra sanda.

Qui sat gardâ sa couscionci legéri
Pot marchî dreit, mêmou devant lou sort;
Et tau que n'est feublou qu'avouai la neiri,
Ne craint jamais ni la via ni la mort!

(Chansouns et Brands de Babochi.
St-Etienne, 1853, in-18.)

TRADUCTION

Verse à boire, et bois, cadet; qui trinque et boit de rien ne désespère. Verse à boire, et bois, cadet; l'espérance a deux raisins pour mamelles.

Notre curé prêche que, sur la terre, Dieu nous a mis seulement pour pàtir. Si la vie n'est qu'une pilule (*catza*, fromage sec et difficile à avaler) de misère, un peu de vin nous aide à l'avaler.

Pourquoi gémir, se creuser la cervelle; sur l'avenir qui peut nous désoler? Tant qu'il y aura des vendanges nouvelles, de tout malheur on peut se consoler.

Boire en trinquant, même le vin à crédit, mieux que le Furens noie la vanité ; et le plus fou, sans creuser sa caboche, sur les carreaux trouve l'égalité.

Que l'ambitieux parvenu se gonfle, sous son bât et ses reliques d'or ; deux doigts de vin, si bon marché qu'il soit, ont plus de prix que l'encens du baudet.

En roulant sur cette boule, à leurs voisins, les grands portent malheur, faute d'aimer ce qu'aime la crapule : son Dieu, son vin, et de garder deux liards de cœur.

De tous les côtés, pour emplir son sac, peut-on rogner comme un possédé? N'attendons pas d'avoir posé casaque pour qu'un ami trinque à notre santé.

Qui sait garder sa conscience légère peut marcher droit, même devant le sort ; et tel qui n'est faible qu'avec la bouteille ne craint jamais ni la vie ni la mort.

LOU LOUP ET L'AGNIAI

(Fable en patois de St-Etienne)

Œu carou dau fouyi souvont ma màre-grand
Countàve de raffoles dau loup, dau revenant.
Par ne pas barbelà, vouais vous djire on dous mouts
Lou peu que me souvontou dj'in agniai et dj'in loup.
      Ny ayit eina vei
Sus lous bôs de Feron, ïn tout petchit agniai
Sans ron djire à legün, s'elougniait dau troupai,
Par beire eina goulà, œu s'approuchait dau bià
Et vit dous pas plus hiaot lou loup !... quai gros rullia,
Qu'ayit lou vontrou creux, la dont bion émoula ;
Ny ayit mountœu treis jouos qu'œu n'ayit pas djina.
Quand lou loup vit l'agniai sou et loin dau bargie,
Œu lichait ses babines, alloungeait soun gousie,
Peus se posant on maitre on faci de l'agniai,
Œu fit tous sous eflòs par ly djire on français :
« Màtru, que fais-tu équi ? As-tu la permission
De sabouter quel aigua que me siait de boisson ?
Quella vei je t'y prends, *en frac et en délire*. »
Equai porou matru sayit pas que ly djire ;
Ses jambes erian plus raides que de couleignes,
Œu n'ère pas plus gros que lou pung. baô-seigne !
Ny ayit pas trop mouyon de faire resistonci,
Pouortant œul ozait prouvà soun innouçonci :
« Pardoun, moun boun moussue, mountœu que vous
[trompas :

Veides, vou'etes d'on hiaot, et me ji souais d'on bas.
L'aigua, moun boun moussue, desçond de vou à më;
Peus, souais si màtru, baò-seigne, fouais regrët. »
« Par treboulà moun aigua, tu viens quand n'y a légun, »
Djizit-ai on ruliant des yox couma de pungs.
« Et crois-tu, vïlani, que j'ai déja essoublé
La chassi que toun chien me dounna l'an passé?
I ny avait toun bargie, et te tchi ny ères mai. »
« Me ! Et l'y a dous meis que ma mâre fit l'agniai !
Boun moussue, têtou incoure ma mâre. »
« Et bon, si veu est pas toi, ça doit y être toun frâre. »
« Vous m'excusaris bon, mais de frâre n'ai rai;
Ma mâre n'a que me, souais son parmei agniai. »
« Voides quel effrounté ! si c'est avei d'audaci !
C'est lu ou toi, Mandrin, ou querqu'un de ta raci.
Pas tant d'explications, tes chiens et toun bargie
Me couron de partout, saò plus onte mïngie;
M'avez traqua dj'ici et me traquas d'élai,
Votre maudjita cliqua n'on veut ron qu'à ma pai :
Et puisque poyou pas vous attaçaà de faci,
Ji volou un par un détrûre votra raci. »
Tout en djisant ciquon, œu sautait sus l'agniai,
Et dj'in seul cop de dont œu ny coupait lou couai.
Vequia ce que n'on sao; si z'œu voulez pas creire,
Djirai coumma ma grand, pouèdes œu z'allà veire.

Linossier (dit Patasson), 1853.

La mémoire de nos lecteurs suppléera aisément à la traduction de cette fable.

A MOS AMIS DE VEZ VAR-DE-GI

(En patois de Rive-de-Gier)

Gorlanches de l'indrët onte ma vieilli mòre
Me fit veire lo jour, presinci de mon pòre,
Vos seides, sins blagô, qu'ov est dués broves gins,
Quoiqu'i ne seyant pòs revondzus dins l'argeint.
Enfin, qu'y fariant-ci? La fortsuna volagi
N'a jamais yu l'invei de gnichi dins liou cagi.
Jamais aucun raccroc n'a pu los inrichî;
I n'ant yu qu'in garçon qu'a toujours gorlanchi.
Ov est de quou ménò, dont lo vacabondajo
Est soveint lo sujët de quauqui bavardajo,
Que voné dzire doux mots, portant sins me choquô.
Au gny a pro par darrei que sant me provoquô,
De faisou d'imbarras, de têtes farigoles,
Que sont pòs dins le côs de dzictô dués paroles;
De noviaux parvegnus, que j'ai vus, dins ïn tsomps,
Pouro comma de rats et sins reputation,
Et qu'à l'hora d'inqueu vodriant sus ma conduitsi
Barfoli chôque jour et n'in reglô la suitsi.....
N'attaquarai jamais de gins à caractero
Que vant liou drët chamin ou que cognusso guèro.
Mais par quelo pédants que creyont tot savei,
Que sont par raisonnô plus sots que de panei,
Quand lo tonar de Dzo viendrit sus ma carcassi
Brure, et me menaci de m'eboilli la faci.
Rin ne paura jamais arrêtô mon transport.....

Que me tenant la paix, je liou dzirai plus rin.....
Ov est par vos galô que j'essayo d'ecrire.
Par la gorlanchari sus votron général.
Traitòs me, so vos plait, de franc original;
Dzites sins vos génô : lo garçon chiz Roquilli
N'est qu'ïn grand folligat que traine la guenilli.
Que les môtrues raisons n'arrachont pòs l'honneur.
J'amo miox rin avei que d'ètre ïn grand seigneur,
Mais que la brôvetò occupeise sa plôci :
Dins lo fond de mon cœur, véqua tota la grôci
Que j'attindo de quou qu'a creyo l'ugnivars.
Adzo, mos viox amis, je fignesso mos vârs.

G. ROQUILLE.

(Ballon d'essai d'un jeune poëte forézien.)

—◇o◇—

TRADUCTION

Vagabonds de l'endroit où ma vieille mère — me fit voir le jour en présence de mon père, — vous savez, sans *blaguer*, que ce sont deux braves gens, — quoique ils ne soient pas plongés dans l'argent. — Enfin, qu'y feraient-ils? La fortune volage — N'a jamais eu l'envie de nicher dans leur cage. — Jamais aucun raccroc n'a pu les enrichir. — Ils n'ont eu qu'un fils qui a toujours flâné; — c'est de cet enfant dont le vagabondage — est souvent le sujet de quelque bavardage, — que je vais vous dire deux mots, pourtant sans me choquer. — Il y en a assez, par derrière, qui savent me provoquer, — des faiseurs d'embarras, des têtes à l'envers.

— qui ne sont pas dans le cas de dicter deux paroles :
— de nouveaux parvenus, que j'ai vus, dans un temps,
— pauvres comme des rats et sans réputation, — et
qui, à l'heure d'aujourd'hui, voudraient, sur ma con-
duite, — bavarder chaque jour, et en régler la suite...
— Je n'attaquerai jamais des gens à caractère — qui
vont leur droit chemin ou que je ne connais guère ; —
mais pour ces pédants qui croient tout savoir, — qui
sont, pour raisonner, plus sots que des paniers, —
quand le tonnerre de Dieu viendrait sur ma carcasse
— bruire et me menacer de m'écraser la face, — rien
ne pourra jamais arrêter mon transport...

Qu'ils me laissent la paix, je ne leur dirai plus
rien...

C'est pour vous amuser que j'essaie d'écrire. — Pour
la flânerie, je suis votre général. — Traitez-moi, si
cela vous plaît, de franc original ; — dites, sans vous
gêner : le garçon de chez Roquille — n'est qu'un grand
fou qui traîne la guenille. — Ces mauvaises raisons
n'arrachent pas l'honneur. — J'aime mieux ne rien
avoir que d'être un grand seigneur, — pourvu que
l'honnêteté occupe sa place — dans le fond de mon
cœur ; voici toute la grâce — que j'attends de celui qui
créa l'univers. — Adieu, mes vieux amis, je termine
mes vers.

§ 4. PATOIS DU ROANNAIS

LES REPROCHES A CATHERINE (1)

(En patois de la Côte-de-Renaison & de St-Haon)

Ton himeur est, Catherine,
Plus aigre qu'un shenin vard ;
On ne sat que te shagrine,
Ni que gagne ni que pard.
Qu'on saye sadze ou qu'on badine,
Avè tei ou est sou pour sou,
Et coume in fagot d'épine,
Te piques par tus lus bouts.

Si ze parle, te t'offenses ;
Te grondes, si ze me tais ;
Quand ze me plaigne, te danses :
Si ze riou, ze te déplais.
A toun oreille mà faite,
Mes saushons ne valont reu :
Et ma tant douce musette
N'est qu'ine musique de shen.

(1) Cette charmante chanson, fort connuc et déjà impri-
mée en français, si nous ne nous trompons, est en pur patois
de la Côte-de-Renaison et de St-Haon. Elle nous a été obli-
geamment communiquée par M. le docteur Noelas, de Saint-
Haon-le-Châtel, qui a introduit quelques pièces patoises dans
les légendes qu'il a publiées et dans celles qu'il va bientôt
faire paraître. (*Shenin, chanin*, signifie pomme sauvage, fruit
acide ; *bredin*, niais, imbécile.)

D'in pot plan de marzoulaine
Quand ze te f'sis in présent,
Aussitout, par moun etrenne,
Te l'as cassa, mei présent.
Si z'avain cru moun couradze,
Après iqueu biau grand marci,
Ma man, dins iquele radze,
Te cassa la gule aussi.

L'autre zour, d'in air honnête,
Quand ze t'òtis moun shapiau,
Pus vite qu'ine arbalête,
Te le f'sis sauter dins l'ieau;
Et pus, d'in air d'arrogance,
Sans dire ni quoi ni qu'est,
Te me baillis l'ordonnance
De m'approusher loin de tei.

Quand z'aime ine créature,
Ah ! *bourgne*, ou est par tout de bon ;
Sus pas malin de ma nature,
Pas pus qu'in sheti muton.
Mais quand moun poure savei-faire
N'est paya que de rebut,
Nom d'in shen ! dins ma coulère,
Sus pis qu'in tourai cornu.

Satredienn' ! veis-tu, Catherine,
Ze n'y pouyou pus tenî,
Ze crève dins ma bedaïne,
Ou faut shandzer ou finî.
Te me prins par ine bushe,
Parce que z'ai l'air tut bredin,
Mais, tant à l'ieau vê la crushe,
Qu'elle se casse à la fin.

CHEZ PION (1)

(Chanson en patois des montagnes de la Madeleine.)

Arrivant cheu Pion aneu de la nuit
Disunt : chiers amis, laissons leu dormi.
   Ouisquant y fera zour,
   No battrons lo tambour ;
   Trompatte et viole zeurra,
   Tant qua ça leu ravaillira.

Quand leu cheu Pion funt ravaillés,
V'la deux zigens ben estraillés !
   Allons ! meus chiers amis,
   C'eu d'auzourd'hi que faut partî
   Leu rei nos avertit,
   Faut ben li obéi.

(1) En 1754, M. de Berthelas, receveur des tailles à Re-
naison, envoya ses recors au hameau appelé *Chez-Pion*, au
milieu des montagnes de la Madeleine. Les habitants, qui
n'avaient jamais voulu payer d'impôts, s'emparèrent des
pousse-culs, et leur firent chauffer le..... dos devant un four
allumé. Mgr l'intendant de Lyon, en apprenant cette sédi-
tion, envoya des dragons qui cernèrent le village pendant
la nuit et empoignèrent les coupables, sur le malheur des-
quels on fit cette chanson.
Nous devons la chanson et la notice qui l'accompagne à
l'obligeance de M. Alphonse Coste, de Roanne.

Jacob Béliot emmanouté :
Adiou Ferrière (1) et moun curé !
Adiou femme et enfant !
Dans ceu forcé rude moument
Preneu exemple à mei,
N'insulteu pas leu rei.

Hi ! la Marion ! Hi ! la Braillon !
Qua démène ben soun cotillon ;
Portàve lau zambon
A lau Messieu de voué Lyon,
Por sauver son mounon
Qu'essiau dans leu chambron.

Qué nos a causé notre malheu ?
Mossieu Berthelas notre seigneu.
Mossieu de la Rama (2)
N'en auriau pas tant fat.

. . . .

(1) Ferrières, village sur les limites du Forez et du Bourbonnais.

(2) M. Ramel, prédécesseur de M. de Berthelas dans la charge de receveur des tailles.

ERRATA

—

Page 96, au mot **Màcle**, ajoutez : maladie exclusivement réservée aux hommes, ou plutôt principe de toutes leurs maladies, comme la *Mère* est le siége de toutes les infirmités féminines. Une *grolle* brûlée remet en état le *màcle dérangé*, de même que l'application d'une écuelle en bois, frottée d'ail, guérit souverainement les maux de *mère*. (Lat. Masculus.)

Les fautes de typographie, inévitables dans un ouvrage de cette nature, peuvent être facilement corrigées par le lecteur. Nous rappellerons seulement que dans le Dictionnaire, les *U* ont été quelquefois remplacés par des *N* : ànou, armou, etc.

TABLE

§ 2. Patois forézien proprement dit.

§ 3. Patois des villes industrielles.

§ 4. Patois du Roannais.

Lyon, impr. de Vve Mougin Rusand, rue Tupin, 12.

www.ingramcontent.com/pod-product-compliance
Lightning Source LLC
LaVergne TN
LVHW021533170726
843501LV00004B/1060